U0133343

你未能触摸的福建

『闽人智慧』丛书编委会 编

海峡出版发行集团 THE STRAITS PUBLISHING & DISTRIBUTING GROUP | 福建人民出版社 FUJIAN PEOPLE'S PUBLISHING HOUSE | 海峡文艺出版社 Haixia Literature & Art Publishing House

"闽人智慧" 丛书编委会

主 任
张 彦

副 主 任
许守尧　　肖贵新　　叶雄彪（主编）　　谢勤亮

编 委
兰 锋　　柯宜达　　袁俊华　　陈 铭
陈煜晃　　唐征宇　　高建进　　林元贵

千百年来，福建人民在世代相续的生产生活实践中，在中华优秀传统文化的滋养下，逐步形成了具有鲜明地域特色的价值追求、思想创造和文化影响。那些闪耀在人类智慧星空的光芒，照亮了闽人的过去、现在和未来。今天，我们凝练和传播"闽人智慧"，就是为了深入学习贯彻习近平总书记关于传承弘扬中华优秀传统文化的重要论述，推动优秀传统文化创造性转化、创新性发展，为书写中国式现代化的崭新福建篇章提供源源不断的精神力量。

目录

福州软木画：
以小观大　缩龙成寸

壹

　　细细的刀尖游走于薄如纸片的软木片上，转折、顿挫、旋转……如同施展了魔法一样，不起眼的木片经一番巧妙制作，就成了精巧别致的亭台楼阁、栩栩如生的花鸟鱼虫、让人沉醉的湖光山色，这就是令人不可思议的福州软木画技艺。

　　福州软木画又名木画（工艺木画）、软木雕，与寿山石雕、脱胎漆器合称为"闽都工艺三宝"。福州软木画融"雕""画"于一体，是传统福州木雕工艺衍化出的工艺新品种，沉淀着中华民族上千年的雕刻技艺和绘画艺术精华，被誉为"无声的诗、立体的画"，更被海外誉为"东方艺术珍品"。

□ 衍化自传统木雕的新工艺

软木画以制作画境为主，通过"以小观大，缩龙成寸"的技艺，将大自然的美景浓缩于大至方丈、小至盈尺的挂框或插屏中，达到"丛山数百里，尽在一框中"的艺术效果。

软木画的题材绝大多数为传统风格的古建筑和山水画式的树木花草，也有人物、走兽、飞禽等。它们在形

└ 软木画制作流程精细繁杂，总共需要几十道工序。图为国家级非物质文化遗产福州软木画项目代表性传承人、中国工艺美术大师吴学宝在创作大型软木画作品（张旭阳／摄）

┌ 福建省工艺美术珍品馆馆藏的
吴学宝软木画作品《苏州园林》
（张旭阳／摄）←

┌ 吴学宝创作的双面半
立体软木画作品《镇海
楼》（正面）（张旭阳／
摄）↗
┌ 吴学宝创作的双面半
立体软木画作品《镇海
楼》（反面）（张旭阳／
摄）→

态上一动一静，质感上一刚一柔，相互映衬又参差错落，组成工而不板、繁而不乱、清秀俊逸的中国画式生动画面，富有自然趣味和人文气息。

1914年，任福建巡按使不久的许世英到官方倡导创立的中国首批工艺传习机构之一——福建工艺传习所巡视时，将自欧美带回的软木薄片制成的圣诞风景贺卡交给传习所的木刻（雕）师傅，提议他们研发新产品。时任福建工艺传习所木刻科目总教习的陈春润和学生吴启棋、郑立溪等人多方寻找合适材料，经过反复试制，最终研发出具有中国画意境的软木画工艺品。

由于新研发的软木画更薄更轻巧，拼接模式也使工艺更显精致，工艺精美、款式新颖的软木画迅速成为省内外热销的手工艺品。福州软木画作坊随之遍地开花，民间传统工艺传承所需的收徒传艺也在坊间日渐兴起。

软木画师傅中影响最广、名气最大的，当属吴启棋。他所创办的福州西园村软木画作坊，不仅吸收了众多家族成员学习制作软木画，还带动了西园村以及周边十来个乡村的众多工匠参与软木画制作，从而大大推动了软木画技法的成熟和完善。

中华人民共和国成立后，吴启棋和家族中从事软木画制作的艺人们响应集体合作生产经营号召，组建西园软木画生产小组，后又先后并入软木画生产合作组、福州市软木画生产合作社、福州市工艺美术厂，直到1959年成立福州工艺木画厂。

软木画以"无声的诗"与"立体的画"闻名于世（陈伟凯／摄）

这期间，软木画制作技法也得到大幅提升，平面卡片式、半立体挂框型作品制作技艺更加成熟。工匠们还首创了以表现北京古建筑风格的《天坛》为代表的立体软木画，创新推出的仿宋软木画挂框作品也大大提升了软木画作品的艺术品位。

1959 年，软木画作品《福州西湖》作为室内装饰品进入北京人民大会堂福建厅，奠定了软木画由民间工艺向高层次艺术品发展的基础。

2008 年 6 月，软木画被列入第二批国家级非物质文化遗产代表性项目名录。2018 年 5 月，软木画入选第一

⌐ 软木画作品《江南春色》（陈伟凯／摄）

批国家传统工艺振兴目录。

软木画技法虽源于木雕工艺，但制作工具、主材选料、生产流程与艺术效果却截然不同。软木画技法内涵是追求工艺画艺术，其制作工艺所汲取的写生、透视、古代建筑、山水园林等中国传统文化元素更是长期审美与文化积累的体现。"运刀如运笔，美景刀下出。"将软木画制作工具刻刀比作绘画的画笔虽是比喻说法，却形象地道出了软木画技法的突出特征。

软木画对其主材软木的选择十分严格，主要采用从葡萄牙等国家进口的栓皮栎树的栓皮层。它的材质细密柔软、富有弹性，有不透气、不透水、不易燃、抗腐蚀、耐磨等优点，且表面有细密的天然纹样和孔隙大小不等的肌理，比较适合切削成薄片状材料，进行造型刻画。

软木画制作流程精细繁杂，总共需要几十道工序，但总体可分为五个阶段：

第一阶段是造型设计，明确作品的型制是平面挂框、立体屏风还是案头摆件，并清楚标识作品的具体尺寸。

第二阶段是绘图定稿，严谨、准确地描绘作品画面的所有造型，包括标明透视空间层次，以及画面题款文字，印章图形的字体、位置等。

第三阶段是制作零部件，选择合适的软木和通草等主辅材料，制作出全部的作品零部件。

第四阶段是布景组装。这是整个流程的关键阶段，要求严格按照定稿设计图将零部件一一组装完成。

第五阶段是配框包装，即为作品配好外框和外包装，整个作品由此制作完成。

由于一幅软木画往往是由几十个甚至成百上千个细小的零部件组装而成的，所以制作软木画是比绣花还要精细的工作，需要几个人的精心合作才能完成。

在软木画开始流水化生产之后，艺人们形成了做亭、做树等细致分工。这容易造成大部分从艺人员只精于自己负责的亭或树的制作，对其他零部件的制作或者工序的完成不熟练的情况。这就决定了软木画这门技艺从业门槛不高，但精通技艺很难。要想达到一定的艺术造诣，既需要匠人对中国传统艺术的理解和把握，也需个人长期的努力和积累。

□ **福州软木画的传承与创新**

福州软木画于 20 世纪初研发而成，从业人数从最初的几人发展到 20 世纪 80 年代的数万人；制作基地从福州本土发展到邻市、邻省，乃至除西藏、新疆外的全国大部分地区。随后跌入低谷，最低潮时从业者只有寥寥数十人，后来随着政府的重视和扶持，才有所好转。

国家级非物质文化遗产福州软木画项目代表性传承人、中国工艺美术大师吴学宝是软木画创始人之一吴启棋的次子，从事软木画创作已 70 余年。他是业界屈指可

┌ 1　草图绘制（陈伟凯 / 摄）

┌ 2-1 取料去皮（陈伟凯 / 摄）

┌ 2-2 削片（陈伟凯 / 摄）

┌ 2-3 雕刻零件（陈伟凯 / 摄）

┌ 3　布景组装（陈伟凯 / 摄）

┌ 4　成品初现，该作品呈现的柳杉王公园形态逼真，令人
恍若身临其境（陈伟凯 / 摄）

1	
- 2 -	
3	4

数的能够独自一人完成所有制作工序的全能型艺人。

在 70 多年的从艺生涯中，吴学宝不断汲取木雕、石雕、剪纸等各种民间工艺的技法特点，并借鉴现代美术理论，对软木画技艺进行传承创新，形成自己独特的艺术风格。

20 世纪 50 年代末，吴学宝与赵权借鉴宋画技法，创作完成仿宋软木画挂框作品《寒汀宿雁图》《汉宫春晓》等，大大提升了软木画作品的艺术品位。运用木雕、石雕的圆雕和透雕技法，吴学宝与赵权还创新推出立体雕、双面雕软木画作品《园林景色》等。

好的软木画作品除了需要创作者娴熟的技艺和出众的巧思，还要考虑画面的远近透视和层次深度。1986 年，吴学宝在创作《万里长城》时，创新利用有机玻璃衬景法，成功地解决了软木画作品表现远山、近景时的多层次布局难题。他还在运刀上采用"拔"的手法，凸显了山形的千姿百态；并借鉴油画等门类的艺术手法，用大块堆砌来体现长城的山体，使蜿蜒于群山之中的长城更加有质感。

┌ 国家级非物质文化遗产福州软木画项目代表性传承人、中国工艺美术大师吴学宝（张旭阳／摄）（上）
┌ 吴学宝指导弟子组装软木画零部件（张旭阳／摄）（下）

20 世纪 90 年代初期，吴学宝带领众工匠为人民大会堂福建厅创作作品《土楼奇观》。该作品采用高浮雕技

▢ 84岁的吴学宝仍旧每天坚持
创作（张旭阳／摄）↑
▢ 福建省级非物质文化遗产传承
人吴传福的创新圆雕软木画作品
《闽韵古榕王》（张旭阳／摄）↗

法雕镂，并运用俯瞰式散点透视布局的技法，把群山峻岭和土楼错落有致地浓缩在挂框中。在构图上凸显楼体，然后根据近大远小的透视原理，把近景、中景、远景巧妙地结合起来，以精雕细镂的工艺展现土楼的独特壮观。

如今84岁的吴学宝，仍旧是刀耕不辍，每天坚持与软木片们"对话"：除了吃饭、睡觉，就是画图稿、刻部件、搞创新，有时半夜两三点有了灵感，也会爬起来开工创作。虽然他的儿女均未继承他的软木画技艺，但令吴学宝欣慰的是，随着各级政府对软木画保护传承工作越来越重视，以及社会各界积极参与复兴软木画技艺，逐渐有年轻人加入软木画的生产创作中来，软木画的制作有了接班人，技法、风格得以延续，薪火得以传承……

不仅有情怀，更有勇气和担当的软木画传承者们，围绕传承和创新，有的将软木画艺术与中国传统水墨画、书法进行创新性融合，使软木画更加贴近现代人的审美取向；有的开拓软木画融入生活的新途径，将传统软木画与生活用品完美融合在一起，精致美观的造型获得年轻人的青睐；有的探索轻量化、便携化的产品设计方

┌ 软木画结合台灯创新
产品《悟心》（素上文化
传播 / 供图）↖

┌ 软木画传承人郭丽将
软木画融入生活，推出
精美又实用的软木画与
充电器、台灯融合在一
起的创新产品《和谐》
（石美祥 / 摄）←

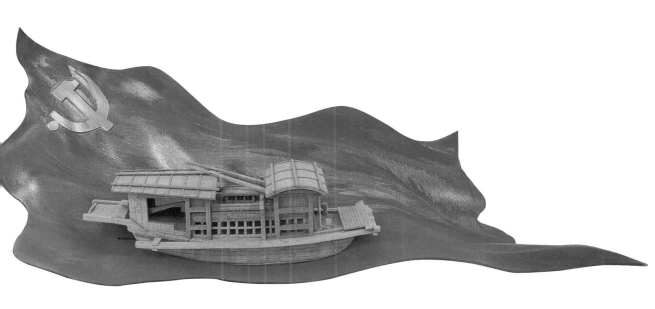

向，有效解决了软木画作品携带不易和价格不菲的困局；有的将软木画与寿山石雕、脱胎漆器结合，创新推出融"闽都工艺三宝"于一体的旅游文创产品。

方寸软木画，虽只是反映锦绣山河中的一朵浪花，却可展现中国传统工艺之精美、镂刻之巧妙……其传承者们正用无悔的执着与付出，向我们讲述着这门技艺的起起落落和百年坚守，更展现新时代软木画的传承与新生。

作　者：刘　磊

厦门漆线雕：

错彩镂金 中国一统

2017 年 9 月，在金砖国家领导人厦门会晤期间，一件富有厦门特色的工艺美术作品《神武大元帅》作为国礼被赠予俄罗斯总统普京，并获得了普京的高度赞赏。

作品《神武大元帅》光华夺目，精美异常。作品鳞甲片片分明，金线丝丝入扣，从外表看像是一件缩小版的中国古代将帅盔甲，金属感十足，实则却是漆艺作品。其背后所蕴含的工艺就是被学界称为"艺苑奇葩，中国一绝"的漆线雕技艺。

┌ 赠送普京总统的漆线雕作品《神武大元帅》是漆线雕技艺传承人庄南燕、蔡超荣等人奋战了九个月的杰作（陈伟凯／摄）

□ 雕琢春秋　惊艳时光

漆线雕技艺是从古代佛像表面装饰手法逐渐演化，并最终独立发展出来的一种工艺类型。唐代泉州塑像艺术兴盛，出现了用漆线妆佛的工艺；后受宋元线雕工艺，特别是沥粉和泥线雕的启发，工匠们采用堆漆和沥粉雕手法来装饰佛像；到明末清初，漆线雕工艺逐渐形成，并得到较大的发展。

厦门漆线雕起源于同安马巷镇西竺轩作坊，迄今已有 300 多年的历史。清代晚期，漆线雕的工艺水平进一步提高，技法更加纯熟，粗细线条的运用更加灵活，漆线立体堆叠的手法逐渐成熟，并通过贴金、配彩实现了"错彩镂金，雕绘满眼"的艺术效果。

└ 厦门南普陀寺四大天王"妆佛"是漆线雕史上体量最大的作品，出自厦门蔡氏漆线雕第十二代传承人蔡水况之手（蔡氏漆线雕／供图）

蔡氏漆线雕第十一代传人蔡文沛先生（惟艺／供图）

中华人民共和国成立后，艺人的创作、交流得到鼓励和扶持，传统的漆线雕工艺重获新生，涌现出一批漆线雕大师。蔡氏漆线雕第十一代传人蔡文沛就是其代表。

蔡文沛先生是首位将漆线雕从神佛身上请下来，把漆线妆佛工艺用于英雄人物、民间故事等题材创作的人。他的作品以做工精妙广受好评，畅销东南亚，为漆线雕工艺促进海内外文化交流、开拓国外工艺品市场作出了很大的贡献。

正是因为有了父亲蔡文沛的言传身教，蔡水况从小就打下坚实的基本功，成为蔡家第十二代传人中唯一一个掌握了漆线雕全套工艺的人。

20 世纪 70 年代初，蔡水况进一步拓展了漆线雕技艺载体，大胆尝试在蛋壳上雕龙，并将作品带去参加广交会，意外收获大批订单。

订单多到什么程度？蔡水况老先生曾在中央电视台节目《我有传家宝》中回忆，厦门蛋糕厂打蛋剩下的蛋壳都不够用，他们还要去周边城市采购。

1973 年的广交会上，有媒体和客商询问蔡水况这项工艺的名称，蔡水况辗转反侧好几个晚上，终于想出

┌ 蛋壳龙雕（蔡氏漆线
雕／供图）↖

┌ 蔡氏漆线雕第十二代
传人、中国工艺美术大
师、国家级非物质文化
遗产厦门漆线雕技艺代
表性传承人、中国民间
文化杰出传承人蔡水况
先生（蔡氏漆线雕／供
图）←

"漆线雕"三个字。他解释道，这门工艺首先是以漆线为表现手法，图案绘在物体上又像雕刻一样立体，所以采用了"雕"字。

"漆线雕"三个字见报后，沿用至今。这门传统技艺也由此从一个单纯的民间工艺技巧脱胎为一种全新的独立工艺类型。

1986 年到 1997 年间，蔡水况的《闹天宫》等 14 件取材自中国古典名著的脱胎漆线雕作品诞生。这些作品在形式上几乎综合了漆线雕艺术的全部技艺，坯体运用脱胎漆器技法。这在漆线雕领域中属于首创，为中华传统艺术宝库增添了一笔弥足珍贵的财富。

2006 年，厦门漆线雕技艺被列入首批国家级非物质文化遗产代表性项目名录，漆线雕也逐步从濒危的手工技艺蜕变为世人瞩目的国礼。

□ 如切如磋　如琢如磨

传统漆线雕是用陈年的砖粉、大漆和熟桐油等原料调和，反复舂打、手工搓成柔软而又富有韧性的漆线，然后在涂有底漆的坯体上用漆线盘、结、绕、堆，塑造出浮凸的图案。整个制作过程包括打稿、舂泥、搓线、盘线、安金油、贴金、洗金等工序。创作一件漆线雕作品往往需要数月甚至数年的时间。

打稿，即工艺师经过精心设计，将图案底稿按比例绘于器皿上。构型、图案、颜色、意境等要素在此工序

蔡水况漆线雕作品《闹天宫》(陈伟凯／摄)

漆线雕作品《还我河山》（陈伟凯／摄）

构思定型，这往往是一件作品成败的关键。

　　春泥，是按照非常精细的比例，将天然大漆与桐油调和的原材料和入粉料搅拌、舂打。一件不满一尺的作品的用料都需要捶打几个小时，过程十分辛苦。

　　搓线，是为了表现各种图纹、形状，用特别的搓板手工搓出各种粗细不同的柔软而有弹性的漆线，最细的如同发丝。这个工序十分考验师傅的手艺。

　　盘线，是漆线雕的核心工艺，极似手工版的 3D 打印技术。这一工艺以连绵不断的漆线紧密地盘绕堆叠，做出层次丰富而繁复的纹样，极尽精微地表现卷云、柔水、繁花、缠草等精美的立体图案。盘漆线的过程相当精细，层层叠叠，丝毫不能错乱，并且过程十分漫长，需要师傅有超高的技艺、超凡的耐心。

　　之后还需要刷安金油、贴金、洗金、晾干、打磨等工艺，一件光彩夺目的作品才算完成。

□ 传承创新　再攀高峰

　　在执着于艺术创新的同时，蔡水况也把大量精力放在技艺的保护与传承上。蔡水况说："我的身份是个传人，做好传承是我的职业，这远远比赚钱来得重要。"2008 年，在各级政府的扶持下，蔡水况推动开设蔡氏漆线雕艺术馆和传习所，广传技艺，同时大力推动漆线雕技艺进入大中小学课堂。

　　如今，厦门漆线雕呈现人才辈出、梯次完善的欣欣向荣景象。省级工艺美术大师、非物质文化遗产技艺代表性传承人就有蔡士东（蔡水况长子）、庄南燕、王志强、蔡彩羡（蔡水况侄女）、蔡超荣（蔡水况侄子）等，一批"90 后"工艺师也相继成长起来。

　　如何不让漆线雕这门"老手艺"成为被时代淘汰的"老掉牙"？厦门蔡氏漆线雕第十三代传人蔡超荣认为："需要通过材料的运用、造型的塑造、结构的设计，使漆线雕技艺更加迎合新文化、新时代、现代人的口味。"蔡

┌1 安金油：将金箔与漆线紧紧地贴合在一起（陈伟凯／摄）
┌2 贴金：将 24K 金箔贴在已绕出纹样的漆线上，过程异常漫长（陈伟凯／摄）
┌3 洗金：将先前没有扫除掉的金箔用小毛笔慢慢清扫掉，一件镂金错彩的漆线雕作品就完成了（陈伟凯／摄）
┌4 蔡水况作品《波月洞悟空降妖》（蔡氏漆线雕／供图）

1	2	3	
			4

┌ 言传身教，耐心培养，蔡氏漆线雕后继有人（陈伟凯／摄）←

┌ 厦门蔡氏漆线雕第十三代传人、厦门漆线雕技艺省级非物质文化遗产代表性传承人蔡超荣先生（陈伟凯／摄）→

超荣将古老技艺灵活融入现代元素，在作品的选题上，大胆突破传统，尝试古今中外、包罗万象的题材；在造型设计上，借鉴现代雕塑艺术、装置艺术理念，创作出一大批令人耳目一新的作品。

《瞻前顾后》便是蔡超荣的创新之作。它采用漆线雕的甲花编织技艺，粗细线结合，呈现出青蛙、蛇等一系列灵动活泼的动物形象，极具趣味性和观赏性。

他的另一件作品《虎踞龙盘》融入了中国传统元素"龙虎"与"武将"，还在头盔铠甲的装饰上运用了最具蔡氏代表性的"战袍甲花"，极具线条艺术之美。2015

┌ "中国民间文艺山花奖·民间工艺美术作品奖"作品《虎踞龙盘》（蔡氏漆线雕／供图）

年，《虎踞龙盘》一举摘获中国传统民间技艺的最高政府奖项——中国民间文艺山花奖·民间工艺美术作品奖。

这些充满探索创新精神的优秀作品表现出传统漆线雕技艺发展的无限活力，也彰显出传承人勇攀工艺美学高峰的决心，是漆线雕行业创新发展的风向标。

漆线雕从用途单一的塑像装饰手法到非遗技艺，再到世人瞩目的艺术瑰宝，其间无不展现着工匠们的传承和坚守、匠心与智慧。在一代代传承人的努力下，漆线雕艺术必将历经岁月而焕发光彩。

作　者：刘宏宇　陈德志　张学平　陈伟凯

惠安石雕：以石为纸 娟繁秀雅

每当人们来到湖南长沙，一定会去湘江边瞻仰屹立于橘子洲头的毛泽东青年艺术雕塑。不为人熟知的是，这座雕像的石材来自福建，雕塑和装配工作也是由来自福建惠安的工匠们完成的。

其实，惠安雕艺工匠们的作品和技艺早已在海内外获得大众认可。井冈山革命烈士纪念碑、南京雨花台烈士纪念馆石雕、厦门鼓浪屿郑成功雕像等，都是惠安石雕工匠的杰作。

┌ 中国共产党历史展览
馆广场的大型石雕《追
梦》（惠安县融媒体中心／
供图）↑

┌ 位于湖南长沙橘子洲
头的毛泽东青年艺术雕塑
（刘杰辉／摄）←

└ 惠安县城的明代刘望海故居精美的浮雕（郑燕东／摄）

□ 惠安何以成为世界雕艺之都

惠安石雕工艺源远流长。千百年来，惠安石雕由滨海凿石筑屋的闽越先民文化与晋唐中原南迁文化交融而成，与建筑艺术相伴相生，缔造出独树一帜的南派雕艺风格。

惠安地处闽南沿海，耕地稀缺，本地又盛产峰白、笔山白、古山白、泉州白等花岗岩石材，众多百姓便把谋生的目光转向丰富的石材资源。他们就地取材，以石建屋、以石筑城、以石造桥、以石修庙、以石造像，石雕技艺在这里代代传承，不断发展。

两宋至明初，由于众多石桥、巨塔的修建，大型石佛的雕凿和石城垣的建造，惠安石雕这一行当人才辈出，技艺日臻成熟完善。中国现存最早的跨海梁式石桥洛阳桥就是宋代惠安工匠的作品。

明代中后期以及清初，惠安石雕吸收了沿着海上丝绸之路传入的外来文化，并与建筑艺术完美结合，渐渐形成了以玲珑、纤巧、繁缛、流丽为特点的南派风格。自此，南派石雕艺术脱离北派传统，自立门户，与北派石雕艺术并驾齐驱。

清末民初，惠安石雕艺人开始走出家门，在福州、厦门乃至海外开设石店。

2006 年，惠安石雕入选第一批国家级非物质文化遗产代表性项目名录。2011 年，惠安石雕获国家地理标志注册认定。2015 年，惠安南派雕艺 12 件（套）代表作入藏国家博物馆。惠安先后获得"世界石雕之都""中国雕艺之都""中国民间艺术（雕刻）之乡""中国雕刻艺术传承基地"等美誉。

2015 年，在给惠安的"世界石雕之都"命名函中，世界手工艺理事会写道："惠安已成为国内外产业规模最大、工艺水平最高、产品种类最齐全、加工能力最强的石雕石材工艺品生产加工与出口基地。"

□ **南派石雕的独特气质**

相较于北方石雕经常采用的汉白玉，闽南本地韧性极强的花岗岩可以被雕塑成更纤细、更灵动的造型，而且不易断裂。这为惠安石雕工匠锤炼更为精细繁复的圆雕、浮雕、沉雕、影雕、线雕、透雕等雕刻技艺创造了条件。

泉州洛阳桥是中国最早的跨海梁式石桥（陈英杰／摄）

┌ 江西瑞金中华苏维埃共和国历史博物馆浮雕《人民共和国从这里走来》（局部）（惠安县融媒体中心 / 供图）

⌐ 艺术中心里精美的南派石雕（惠安县融媒体中心 / 供图）

以石为纸，以锤作画，嘈嘈切切、铿然作响间，生命悄然绽放（汪洪波／摄）

⌐ 清代石雕龙柱：安溪文庙花岗岩龙柱、福州定光寺辉绿岩透雕龙柱、泉州开元寺青石龙柱、泉港沙格灵慈宫花岗岩透雕龙柱、晋江安海龙山寺辉绿岩盘龙柱、泉港峰尾东岳庙辉绿岩透雕龙柱、泉州天后宫青石龙柱和台北龙山寺辉绿岩龙柱（林细忠／摄）↖

⌐ 清代传统石狮：福州鼓山涌泉寺绣球狮、惠安崇武三官宫石狮、晋江龙山寺石狮、惠安崇武峰前丰山宫石狮、南京中山陵石狮和金门风狮爷（林细忠／摄）←

清康熙至乾隆年间的石雕巨匠李周，是惠安石雕史上第一位有名可查的石雕大师，被誉为"南派石雕一代宗师"。他的出现，使惠安石雕艺术发生划时代的转变。惠安石雕造型日渐繁复，风格由质朴粗犷趋向精雕细琢，更加注重线条结构和形态神韵之美。

以遍布大江南北的石狮子为例，北派的石狮子大部分呈蹲伏状，虎视眈眈，象征着强大威严的皇权和气吞万里的气势。以惠安为代表的南派石狮子则造型活泼、纤巧灵动，或呈现摇头摆尾站立的形状，或拖家带口出现，常有雌雄二狮左右侧视、雌狮前爪抚摸戏耍的幼狮、雄狮脚捧绣球等形象，口中有圆石珠滚动，呈现出一派和谐欢乐的家庭氛围，蕴含着浓郁的闽文化气质。

┌ 国家非物质文化遗产惠安石雕项目代表性传承人、中国工艺美术大师王经民在创作中（陈伟凯／摄）

□ 开拓进取的新时代传承者

闽南人素有"爱拼敢赢"的性格特质，石雕技艺也在力争上游、互不服输的氛围中不断传承、创新和发展，涌现出一大批技艺精深、承古开新的惠安石雕艺术家。他们既继承老一辈的技艺和气质，又结合现代艺术思想，运用不同石材和现代工艺创作出匠心独具且风格多样的作品。

截至目前，惠安县拥有

汉白玉石雕《萌宝日记》（惠安县融媒体中心 / 供图）

中国工艺美术大师 2 名，中国石木雕艺大师 8 名，福建省工艺美术大师 40 名，福建省工艺美术名人 63 名，中高级工艺美术师 1,000 多名。

新时代的工匠精神在惠安石匠们身上得到了最好的呈现。他们如切如磋、如琢如磨，创造了今日惠安雕艺产业的不凡品质与口碑，展现了惠安雕刻的精湛技艺和文化传承。

作　　者：曾志刚　陈伟凯

漳州木偶头雕刻：

栩栩如生 以形写神

肆

　　漳州木偶头雕刻起于晋，兴于唐，盛于明清，以其悠久的历史、特殊的工艺、丰富而精美的性格化造型享誉世界，是中国木偶雕刻艺术的杰出代表。其雕刻的类别主要有布袋木偶、提线木偶、杖头木偶、铁枝木偶等。

┌ 漳州木偶头以樟木为原料，经艺人精雕细琢而成，是中国民间艺术中的工笔画精品，图为徐竹初木偶头作品（孟承光／摄）

□ 木偶头雕刻的北派

在漳州的各种传统民俗和节庆活动中，衍生自傀儡戏的木偶戏表演是必不可少的项目。漳州木偶头雕刻也由此不断传承和发展。

随着木偶头雕刻艺人在艺术创作上的不断突破与创新发展，木偶头雕刻逐渐脱离了木偶道具的标签，具备了独立展示的条件和社会需求，慢慢形成一门工艺独特、意蕴丰富的民间工艺美术技艺。

中国木偶头雕刻技艺有南北派之分。南派指泉州木

木偶头雕刻艺术与传统戏曲之间有着颇深的渊源（陈伟凯／摄）

徐竹初、徐强作品，贵妃形象雍容华贵，具有宗教造像的部分特征（孟承光／摄）

偶，北派指漳州木偶。这里的南北之分并非以地理位置划界，而是以音乐唱腔、木偶造型和表演风格做区分。

漳州自古佛像雕刻工艺发达，原来的木偶雕刻多由佛像雕刻师兼营。因此漳州木偶头在雕刻制作上也秉承了中原佛教造像的风格，造型雍容、丰腴，线条柔美、圆滑，粉彩细腻，这一点在生行、旦行角色造型上尤为明显。

木偶戏是一种通过手部动作进行表演的艺术，观众一般都是以仰视的角度来观看表演，所以木偶头也被雕刻成略微呈俯视的角度，以体现木偶雍容含蓄的气质，与佛像造像雕刻有异曲同工之处。

漳州木偶头雕刻的特色还体现在当地特有的木偶角色塑造上。陈元光、保生大帝、三平祖师等民间信俗形象栩栩如生，表情细腻传神；大头家奴、媒婆、鼠丑等市井人物或丑角形象夸张怪诞，符合本地民俗传统认知与审美心理，为当地人熟知和喜爱。

□ 凝聚匠心智慧的木偶头制作工艺

漳州木偶头制作工艺流程严密而复杂。一块不起眼的木头，一般要经过十几道工序之后才能最终与我们见面。

木偶头的制作总体上分木雕、粉彩两大工序：先选

徐翌昕作品《精卫填海》（孟承光／摄）

取质轻易刻的樟木、榆木，劈出木偶头像初坯；刻画面部中线，定出五官；挖空颈脖部，便于演员手指伸入；精雕头像并打磨修光。在粉彩工序之前，先裱以棉纸，涂上调和水胶，并沥以细泥浆，粗磨后补隙、修光，然后上粉，彩绘脸谱，上蜡，最后安上发髻、胡须。

漳州木偶头雕刻对原材料的选择、涂料的配制都很讲究。雕刻一件作品至少要用两天，若要将人物独特的内心世界通过表情刻画出来，花费的时间则更长。一件作品的每种色彩都要用艺术家家传的秘制涂料涂上数十遍，确保木偶保存百年都不会掉色、变形。

用于戏曲舞台的木偶本身体量就小，需要在方寸之间集中展现人物性格，所以类型化、脸谱化的处理方式是漳州木偶头雕刻的普遍特征。在整体造型的把握中，脸的雕刻尤为重要，讲究的是"五形三骨"，即"两眼、一嘴、两鼻孔，眉骨、颧骨、下颏骨"。有了夸张的造型、丰富的表情，仅凭面部形象就能够把角色的善恶、性格清晰直观地传达给观众。

2006 年 5 月，漳州木偶头雕刻被列入第一批国家级非物质文化遗产代表性项目名录。2019 年 11 月，漳州竹初木偶艺术馆被列入国家级非物质文化遗产代表性项目保护单位名单。

□ **北派徐家的传承与创新**

漳州木偶头雕刻这一技艺历来以师徒相承，且主要

细腻、繁复的木偶头制作过程（陈伟凯／摄）

是以家族祖传的方式传承，一直流传至今而无中断。国家级非物质文化遗产漳州木偶头雕刻项目代表性传承人、国家一级美术师徐竹初与南派布袋木偶雕刻大师江加走并称"南江北徐"。从徐氏木偶的第一代徐梓清算起，到了徐竹初这已经是第六代。

┌ 徐竹初一生与木偶为伴，所设计的戏曲人物造型多达 600 多种。每次落刀之前，他总要认真揣摩所刻画人物的身世、身份、性格、好恶等，直到思考成熟后才下刀，故其塑造的人物形象形神兼备，韵味十足（陈伟凯 / 摄）

徐氏木偶作品以福建北派布袋木偶为主，兼及提线木偶、铁枝木偶，表情丰富细腻，衣饰精致严谨，在两百余年的发展历程中深得闽南人的喜爱。

在几代人的传承中，徐氏家族不断汲取各种民间艺术灵感，以汉剧、昆曲、京剧等戏曲人物造型为基础，将木偶雕刻与民间文化进行深度融合，并且将人物造型的表情细节进行夸张化处理，形成了"以形写神"的雕刻特点。他们雕刻的木偶头造型严谨，彩绘精致，着色稳重不艳，保留着唐宋风韵。其中，生、旦、净、末、丑的人物造型个个性格鲜明，形象可谓既夸张又合理。

在家庭手艺的耳濡目染下，徐竹初从小就爱上了那些活灵活现的小人偶，现已从艺半个多世纪，继承了祖辈优秀的雕刻手法。

徐竹初深得传统文化的滋养，秉承先辈技艺，且创造性地继承与发展，在 60 余年的艺术生涯中塑造出无数具有灵性、温度，富有生命力的艺术形象。其作品由内而外散发出生动的气韵和神态，洋溢着鲜明的个性和风格。他根据人物的性格特征、身份和气质，利用造型、线条、色彩来凸显角色的精髓，从而让木头人"活"起来。

徐竹初还在实践中逐渐摸索，对木偶雕刻在继承的基础上进行了改良，在人偶脑袋里面设置机关，把手伸进去轻触里面的小木板，木偶的下颌、眉毛和眼睛就可以上下活动，比固定的木偶更加传神而有趣。

徐竹初的从艺路走得既辛苦又光荣。中国美术馆馆长吴为山赞誉他"作为中国木偶雕刻大师，无愧于时代和人民对他的养育与厚望"。他的木偶头雕刻作品被誉为"活的文物""东方艺术珍品""世界一流艺术""中华一绝""国家级艺术珍品"。其作品曾在中国美术馆及世界 100 多个国家和地区进行巡回专展并获奖，还多次作为礼品赠送给外国政要。

而今，徐竹初大师已年逾八旬，但他仍刀耕不辍，每天坚持与木偶头们"对话"。令他宽慰的是，他的儿子徐强也子承父业了。200 多年的薪火相传，徐家的这一绝活儿也有了第七代传人，徐竹初大师的"北派木偶"技法、风格也得以延续。

徐竹初和其子徐强在秉承祖辈传统技法的基础上，融入了自己对现实生活的体察与思考，兼顾舞台表演与

┌ 徐氏木偶头丰富的人物面部造型（孟承光／摄）

┌ 徐竹初、徐强作品《美猴王》（孟承光 / 摄）

个性审美的双重需求，在木偶造型和神态表现上进行大胆的探索与改良，塑造出大量超越前代的木偶艺术精品，形成新的独特风格。

深谙文化传承之道的徐竹初认为，文化和技艺的传承和创新，需要的是一批热衷传统文化的传承人。"文化要传承，手艺

┌ 徐竹初向学生传授
雕刻技艺（孟承光 / 摄）

不能丢。这门手艺要和文化一样，传承创新、发扬光大。年轻人更要用新的知识、新的思维，将传统文化艺术再发展、再创造，要一代胜一代，让传统文化有新的生命力。"为了漳州木偶雕刻这一民间艺术的传承，徐竹初、徐强父子主动广授技艺，甚至自费办木偶雕刻培训班，只求培养更多的传承人。

徐强认为："要扩大生存的空间，就要闯出别样的出路。"除了演出外，他们还不断拓展木偶头的运用场景，如尝试开发木偶头旅游产品、文创产品等。

经过他们的努力，如今的漳州木偶雕刻不再拘泥于木偶戏表演，还增添了宣传展示的功能，如融入漳州古城的文化展示、"走近孩子"等，使之更加符合当代文化发展的需要。

└ 儿童木偶剧《龟兔
赛跑》(徐强 / 供图)

刀起刀落，分寸之间，拿捏的是人间百态，雕刻的是不能遗失的技艺和文化。新时期的漳州木偶雕刻艺人们，正努力探索将传统木偶雕刻丰富的文化内涵融入人们的日常生活，继续用独特而精湛的制作技艺向世人讲述漳州木偶头雕刻艺术那悠久而非凡的岁月。

作　　者："闽人智慧"编辑部

莆田木雕：

佳木雕万象 方寸见众生

伍

　　莆田木雕是在福建省莆田市境内生产的木雕艺术品的统称。莆田木雕造型优美、工艺精湛，尤以立体圆雕、精微透雕、三重透雕等传统工艺闻名于世。

朱子治家格言

黎明即起洒扫庭除要内外整洁
既昏便息关锁门户必亲自检点一
粥一饭当思来处不易半丝半缕恒

念物力维艰未雨而绸缪勿临渴
而掘井自奉必须俭约宴客切勿流
连器具质而洁瓦缶胜金玉饮食约
而精园蔬愈珍羞勿营华屋勿谋良

田三姑六婆实淫盗之媒婢美妾娇
非闺房之福童仆勿用俊美妻妾切
忌艳妆祖宗虽远祭祀不可不诚子
孙虽愚经书不可不读居身务期质

朴教子要有义方勿贪意外之财勿
饮过量之酒与肩挑贸易勿占便宜
见贫苦亲邻须多温恤刻薄成家理
无久享伦常乖舛立见消亡兄弟叔

姪须分多润寡长幼内外宜法肃辞
严听妇言乖骨肉岂是丈夫重资财
薄父母不成人子嫁女择佳婿无索
重聘娶媳求淑女勿计厚奁

莆田木雕历史悠久，唐代已经开始被用于雕装饰建筑，还被用于造佛像和刻书。到了明代，莆田出现了较多擅长佛像和装饰雕刻的艺人。清代，莆田木雕艺术有了进一步的发展，北京故宫博物院收藏的多件清代莆田木雕贴金桌灯及果盒，均呈现了其从简单浮雕到多重透雕的雕艺迭代与创新。

▢ 郑春辉木雕作品《百龙图》局部（陈伟凯／摄）

中华人民共和国成立后，许多莆田木雕艺人既继承传统工艺，又大胆开拓创新，让莆田木雕业进一步焕发生机。现代莆田木雕第一代大师黄丹桂和朱榜首等创作的《三打祝家庄》《立柱龙凤灯》等作品成为木雕精品；佘文科创作的《渔港之春》、黄丹桂等创作的《十三朵金花》曾获选陈列于北京人民大会堂福建厅。

二十世纪六七十年代，莆田木雕第二代传人方文桃、佘国平、闵国霖堪称莆田木雕、牙雕创新的代表性人物。方文桃的《夜诊》、佘国平的《人民的好总理》、闵国霖的《洗军衣》都是充满正能量的作品。他们还和老一辈艺人合作，成功运用莆田传统圆雕、浮雕、精微透雕技

┌ 郑春辉木雕作品《夜静春山空》
（春晖木雕艺术馆 / 供图）

术，把人物、山水、花鸟、景观结合在一起，形成了莆田木雕有别于东阳、潮州、乐清等地木雕的组雕风格。

改革开放为莆田木雕创新提供了源源不断的动力。方文桃、佘国平、闵国霖等大师，在工艺美术院校学习后，把现代雕塑和传统技艺相结合，对传统人物雕刻的形式和内涵进行创新。方文桃的《海峡和平女神系列》、高 16 米的《阴沉木雕千手千眼观音》等，佘国平的《横刀立马》《海螺姑娘》等，闵国霖的《苏武牧羊》《秋江渔者》等，黄文寿的《气壮山河》《英雄的呼唤》等，都是业界公认的创新力作。

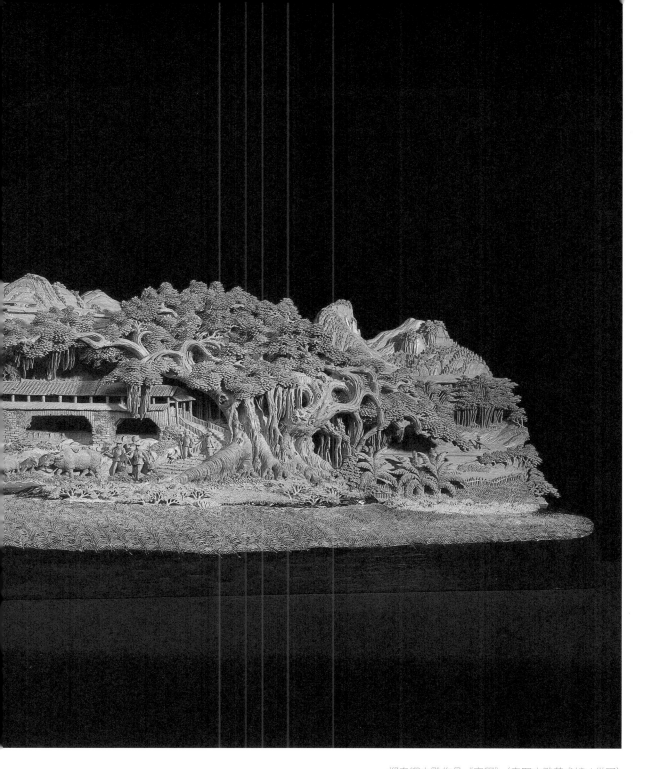

郑春辉的作品有一种强烈的画面感，可谓古典绘画艺术的立体化呈现，图为郑春辉在创作中（陈伟凯 / 摄）

2011 年 5 月，福建省莆田市申报的木雕（莆田木雕）被列入第三批国家级非物质文化遗产代表性项目名录。

传承之中记录时代

出生于莆田一个小山村的郑春辉，从 16 岁学习木雕工艺至今，与木头亲密接触已 30 多年。在郑春辉的记忆深处，很多前辈、大师都很刻苦，他们几十年如一日，温和、亲切、内敛，不争名利，爱惜人才，辛勤耕耘着工艺美术这块土壤。他说："比如方文桃、佘国平、闵国霖等大师，都为莆田木雕创新发展作出了极大贡献。他们不仅构建了莆田木雕的艺术高度，又为我们树立了良好的道德榜样。"

时代在发展，新一代工匠如何进行传承与创新？与一般的传承人不同，郑春辉在"守正"的同时不忘"创新"。他尝试在中国山水画的构图中融入中国古典诗词等文化元素进行创作。结合作品比例要求和材料自然形态，他经常在创作过程中对镂空雕、透雕和精微透雕技法进行创新。观赏者在其作品中可以领略到精致细腻的技法之美、山水田园之美和文学诗歌之美，其"游于技"的

匠人精神和"游于艺"的文人趣味相结合，开创了莆田木雕乃至中国木雕的新品类——山水木雕。

郑春辉的山水木雕创作不仅将传统山水画利用起来，而且尝试用这种方式来反映现实、记录时代，《闽乡多锦绣》便是这一特点和风格的集中体现。该作品以福建省寿宁县下党乡的景物为题材，运用传统国画的散点透视法进行构图，远处群山巍峨、白云缭绕，近处成荫的竹柳掩映着村舍，农人荷锄、担水，赶着成群的牛羊，走在回家的小路上……作品不再是单纯的传统山水景观，而是以田园诗歌的形式记录、赞颂了贫困山乡脱贫致富

┌ 中国工艺美术大师、国家级非物质文化遗产莆田木雕代表性项目传承人、全国中青年德艺双馨文艺工作者、2019年"大国工匠年度人物"郑春辉（陈伟凯／摄）

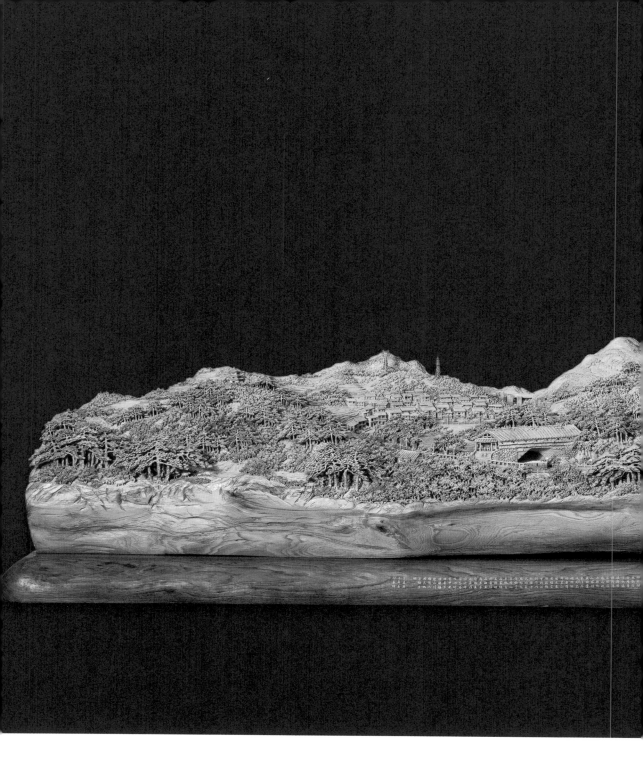

郑春辉木雕作品《闽乡多锦绣》（春晖木雕艺术馆 / 供图）

郑春辉木雕作品《闽乡多锦绣》局部（春晖木雕艺术馆/供图）

后充满生机的图景。

2009 年，一次偶然的机会，郑春辉发现了一棵巨大的香樟木，他立即想到了《清明上河图》。此后，他带领 6 名徒弟，历时 4 年，将分别藏于北京故宫博物院、台北故宫博物院的北宋张择端版《清明上河图》和清宫画院版《清明上河图》雕刻在千年樟木的两面，让观者仿佛穿越到北宋都城开封，亲历大宋市井风华。

让人惊叹的是，这块香樟木的每一面都刻有五六百个人物，还有大量的车辆、船只、店铺、民房，房舍街道鳞次栉比，拥挤的人流、五行八作的细致描摹，无不体现出雕刻者出神入化的技艺。尽管作品中每个人物最多只有寸把长，但是神态各异，身份特征鲜明。透过街边酒肆的窗户，连里面正在把酒言欢的食客也刻画得活灵活现。那些粗细如牙签、看起来十分柔软、似乎可随风摇曳的绳子，竟然是在整根木头上直接雕出来的！

  《清明上河图》可谓莆田木雕技法的集大成者。整个作品融汇了镂空雕、透雕、浮雕和精微透雕等雕刻技法，繁而不杂，层次分明，街市的喧闹声、行船声和流水声都仿佛就在耳畔。

  创作完巨作《清明上河图》，郑春辉又将目光聚焦于京杭大运河这一宏大题材。他计划沿着大运河实地走访、考察，用 5 年时间完成这一浩大工程。

  "福建是工艺美术大省，传承创新任重道远。建功新时代，需要我辈继续努力。"郑春辉说。

作 者：陈伟凯

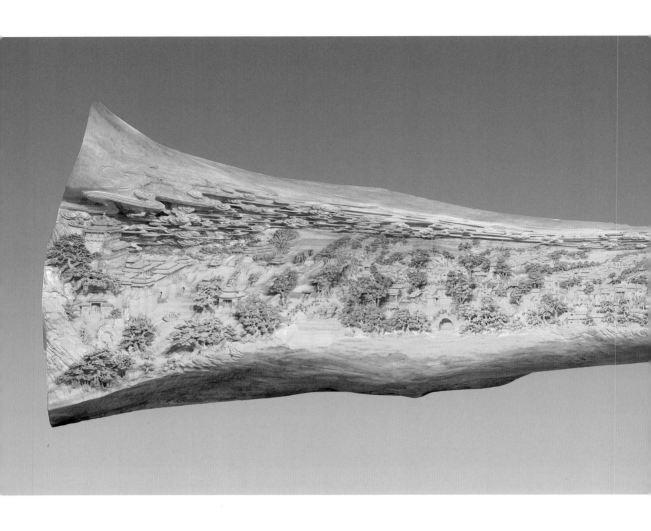

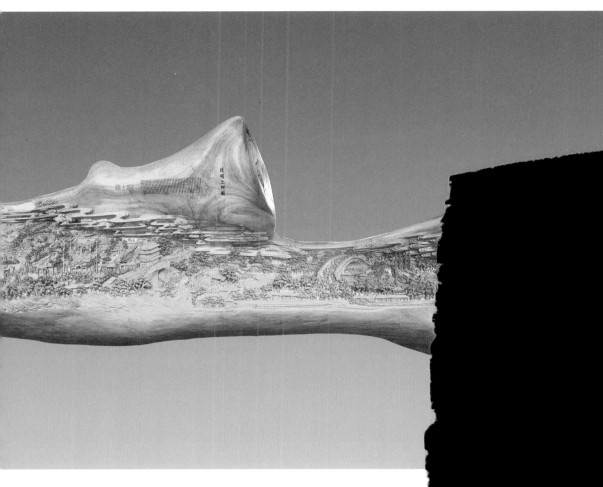

┌ 郑春辉木雕作品《清明上河图（宋代版）》，
2.401 米，创造了"世界最长木雕"吉尼斯世界纪

《京杭大运河》起稿中，它将是一首高低错落、一气呵成的交响乐，郑春辉对此信心十足（陈伟凯／摄）

福州寿山石雕：

珍石本天成　雕琢倚巧思

陆

　　寿山石分布在福州市晋安区与连江县、罗源县交界处的"金三角"地带，是中华瑰宝，也是中国传统"四大印章石"之一。作为福州特有的名贵石材，寿山石晶莹脂润，色彩斑斓，色泽亮丽，色界分明，深受国内外人士的喜爱。

故宫博物院藏寿山石印章（陈文／摄）

由于寿山石"温润光泽、易于奏刀"的特性，很早就被用作雕刻的材料。1965年，福州市北郊五凤山的一座南朝墓中出土了两只寿山石猪俑，说明寿山石至少在1,500多年前的南朝便已被用作雕刻材料。元代篆刻家以叶蜡石作印材，使得寿山石名冠"印石三宝"之首，登上文化大雅之堂。加上明、清帝王将相的百般青睐，寿山石雕成了不论帝王将相还是黎民百姓都喜爱的文化艺术珍品。

寿山石雕技法丰富多样，技艺精湛圆熟，在发展过程中广纳博采，融合了中国画和各种民间工艺的雕刻技艺与艺术精华，作品题材广泛，有人物、动物、山水等品类。清同治到光绪年间，寿山石雕形成自己独特的风格，出现了东门和西门两大流派。

东门派主要集中在福州鼓山后屿一带。该流派的主要技法是圆雕——这是寿山石雕最古老、最基本的技法。圆雕又称立体雕，观赏者可以从不同角度看到物体的各个侧面。它要求雕刻者从前、后、左、右、上、中、下全方位进行雕刻。东门派鼻祖林谦培的圆雕作品多以仙佛人物为题材，造像着重传神，造型颅硕身短，形象比较肥硕，衣纹如行云流水、临风飘拂。东门派传人林元珠、郑仁蛟、林友竹等俱是圆雕高手。林元珠还在圆雕的基础上创造了人物和山水相结合的立体雕，用

┌ 寿山石作品《羲之
爱鹅》(陈文／摄)

来表现民间传说、神话故事和戏曲情节。郑仁蛟则吸收木雕、牙雕、青石雕的长处，融于寿山石雕之中，使其风貌焕然一新。

西门派主要集中在福州洪山一带，该流派以善刻印纽、博古、薄意而名重艺坛。以潘玉茂、潘玉泉为代表的西门派从传统的印纽技法中创造出具有中国画特色的薄意技法，为世人留下许多难得的珍品。后西门派大师林清卿又将薄意艺术推上新的高峰，成为一代薄意大师，人称"西门清"。他吸收中国画艺术精髓，融雕、画于一体，以刀代笔，"因材施艺，巧掩瑕疵""利用石病，反见自然"，开创了独特的艺术境界。

2006年5月，寿山石雕被列入第一批国家级非物质文化遗产代表性项目名录。2019年11月，海峡寿山石文化研究院被列入国家级非物质文化遗产代表性项目保护单位名单。

随着一代代匠人的摸索和创新，寿山石雕刻思路也不断拓展。因其色彩丰富，匠人们摸索出利用石材的天然俏色进行创作的技法，被称为"巧雕""俏雕"或"取巧"，成为寿山石雕刻的显著特色。旧说"一相顶九工"，就是指每块原材料都是一个有自我特性的个体，需要艺人根据其形态以及色彩进行整体构思，巧用俏色，力求

┌ 中国工艺美术大师、
国家级非物质文化遗产寿
山石雕代表性项目传承人
林亨云寿山石雕作品《海
底世界》（陈文／摄）

达到一种整体上浑然天成的艺术效果。这对工匠们的艺术造诣和雕刻经验都提出了极高的要求。

俏色雕刻在福州东西门两派发展的过程中逐步发展、兴盛。至今日，不同的传承流派虽各有绝活，但在对整体性俏色布局构思的追求上毫无分别。中国工艺美术大师、寿山石雕刻艺术家林飞广纳东西门两派之长，结合浮雕、薄意、圆雕、镂雕、透雕、链雕等技法，用手中的刻刀，以严谨的态度和独特的艺术语言表达自己的美学理念。小至线条的刮磨，大到空间的布局，仿佛随心赋形，每一件作品流露的都是艺术家自身的精神写照以及对生命的热情。即便是传统题材，他也总能以敏锐的视角赋予其崭新的审美内涵，用心灵抒写思想的自由和真挚、朴素的情感。

林飞对作品的整体性把握也源于他的为学和从艺经历。林飞出身于寿山石雕刻艺术世家，其父林亨云、其弟林东都是中国工艺美术大师。或许是得到父亲的真传，林飞19岁就被福建罗源雕刻厂请去当第一任师傅。1977年，中国恢复高考后，他先后在福建省工艺美术学校（现福州大学厦门工艺美术学院）、广州美术学院学习，系统学习和研究了雕塑理论，师从著名雕塑艺术家梁明诚，后者的

广 林飞巨型作品《古田会议》净重约 1.1 吨，高 1.5 米，体量创造了寿山石雕刻作品的纪录（福建画报 / 供图）

┌1 林飞巨型作品《井冈山会师》（福建画报／供图）

┌2 雕刻工作室里，一个个生命在林飞的小小刻刀下绽放，一件件传世作品在他手里诞生（陈伟凯／摄）

┌3 俏色工艺：人物、红旗、岩石均根据石色纹理进行取巧（陈伟凯／摄）

┌4 创作过程中需因石就刀，根据颜色纹理不断微调（陈伟凯／摄）

| 1 | 2 |
| | 3 4 |

"整体"理念对他日后的创作产生了深远影响。

2019 年，林飞创作的 3 件巨型雕刻作品《古田会议》《井冈山会师》《过雪山》在中国美术馆"礼赞新中国　奋进新时代——寿山石韵艺术大展"上展出。他巧

上 林飞巨型作品《过雪山》（福建画报／供图）

▷ 别有梓人传，精艺夺天工（陈伟凯/摄）

妙地利用原石的色彩肌理进行整体性俏色构思，通过宏大的叙事手法展现了红军坚韧无畏的英雄气概。

对于寿山石雕这门技艺的传承发展，林飞认为：寿山石雕刻如同赋予寿山石二次生命，雕琢得当则宛如天成，庸者为之则暴殄天物；学艺者最关键的是基本功，包括造型能力、表现能力、文化修养、艺术理论等，而这些功夫不是一两年就能练就的，只有将全面的知识积淀、纯熟的雕刻技法和经年的观察思考相结合，才能把大自然的奇珍和匠人的巧思融为一体，最大限度地展现寿山石雕刻的美学价值、人文价值。

作　　者：陈伟凯

四堡雕版印刷：
文化辉煌 时代传承

朱

中国是世界印刷业的故乡，曾远传亚非各国的雕版印刷，更是开世界印刷术之先河。中国雕版印刷技术始于唐，兴于宋，盛于明清，至今已有1,400多年的历史。

明清时期的连城四堡就是中国民间雕版印刷四大基地之一，现拥有中国保存较为完整的雕版印刷遗址。在鼎盛时期，四堡有书坊100多家，刻印书籍达600多种，书商经营于13个省、150多个县市，形成了享誉全国的书坊产业集群，在中国南方的印书业发展中占有极其重要的地位。当时，约60%的四堡人从事印书业，"家家无闲人，户户有余香"是四堡印刷盛况的真实写照。最盛时，四堡所印书籍不仅享誉江南、行销全国，还沿着海上丝绸之路远销东南亚国家，成为古老海丝路上的中华文化使者，为中华文明的南传作出重大贡献。

四堡位于福建省连城县最北端，地处连城、长汀、清流、宁化四县交界之处。人们不禁要问，这样一个偏僻乡镇是凭借什么优势成为明清时期名噪一时的民间雕版印刷基地之一的？

↑ 四堡书坊建筑群之林兰堂（胡家新 / 摄）↓

□ 四堡雕版印刷的精致与巧思

据连城县史料记载，四堡雕版印刷技艺"起源于宋，发展于明，鼎盛于清"。明万历八年（1580），时任浙江杭州仓大使的邹学圣辞官回乡，将苏杭先进的印刷技术带回四堡，并让子孙以此为业，创办书坊，从而带动四堡印刷业向规模化发展。在他的推动下，小小的雾阁就有书坊 60 余家。

四堡雕版印刷最大的特色就

福建省雕版印刷文化古镇——四堡镇（胡家新 / 摄）

┌ 四堡印刷的袖珍藏本
《论语》（吴德祥／摄）
（上）
┌ 中国四堡雕版印刷展
览馆收藏的全套四堡刻
本《康熙字典》（罗道荣／
摄）（下）

是它所印的书籍精美且富有巧思。四堡雕版印刷的书籍不仅纸质优良，字体美观，而且斋号、堂号清晰明确，内容校对精良。

其中，堪称出版史上罕见的珍本比比皆是：《康熙字典》这种清代读书人必备工具书在这样的穷乡僻壤间刊刻发行，并销售全国，影响后世，实属奇迹；《三国演义》与《水浒传》同载一本书上，每页上半页刊《三国演义》，下半页刊《水浒传》，这也是四堡刻书家们独特刊刻印刷思维的真实写照；《梁山伯与祝英台》上部为图画，下部为叙述文字，图文并茂，别出心裁，与现代印刷的连环画如出一辙；这里刊印的袖珍藏本《论语》，纸长 15 厘米（刊印对折后每页长 7.5 厘米），框高 5 厘米，每页有 200 多个字，经典古籍被印成类似后世的小电话本似的微型书籍，字迹如蚂蚁却清晰可辨，工艺令人叹为观止。

连城四堡雕版印刷技艺具有家族传承、制作精巧、手工操作等特征。相关器具主要有刻刀、曲凿、平凿、斜凿、铁锤、刨子、锯子、棕刷、小墨缸等。其传统印刷技艺流程极为复杂，现流传的制作技艺大致可以分为胚版勾描、雕刻打磨、刷油上墨、平扫压印、揭纸成型

等步骤，凝聚着制墨术、雕刻术、摹拓术等几种优秀传统工艺，是中国雕版印刷技艺的杰出代表。

□ 四堡雕版印刷业的商业模式

就四堡雕版印刷业生产经营来说，明、清两代社会稳定，经济发展，使得四堡刊印的书籍有广阔的市场。恰逢福建竹纸制造技艺日趋成熟，竹林资源丰沛的闽西地区造纸业迅速繁盛起来，宁化玉扣纸、连城姑田宣纸、宁化毛边纸等不同档次的纸张性能各异。四堡可根据书籍的定位选择不同的纸材。同时，四堡处在闽浙赣三省交界之处，再加上离几条重要水道较近，经汀江向南可

┌ 四堡遗留雕版（胡家新／摄）

经广东入海，经闽江可到福建首府——福州，向西可沿赣江南下广东、北上湖广、西至四川，较便捷的水路交通为四堡刻书的销售提供了便利。

其实，福建建阳在宋代是与浙江临安、四川成都齐名的中国雕版印刷三大中心之一。遗憾的是，明弘治十二年（1499），建阳书坊遭大火，建阳印书业逐渐衰败，到了清代初期，文学家、诗人王士祯感叹"建本已不复过岭"。四堡则迅速填补了建阳印书业衰微留下的市场空白，通过族商和前店后坊等形式快速占领了市场。各家书坊以家族为纽带，以家庭为单位，选定蓝本、誊写书样、雕刻、印刷、装订、运售……所印书籍种类繁多，有启蒙读物、经史子集、诗词小说、医学等九大类1,000多种，囊括历代经典之作和民间实用畅销书籍。

在雕版印刷这个大产业的支撑下，四堡书商络绎，逐步在连城当地形成了一个产业链条完善的主导产业——从造纸、墨汁制造等原料供应，到选题策划、反文誊写、雕版、印刷、裁切、装订等生产过程，再到物流、销售等一条龙服务，实现了产业化、规模化经营。

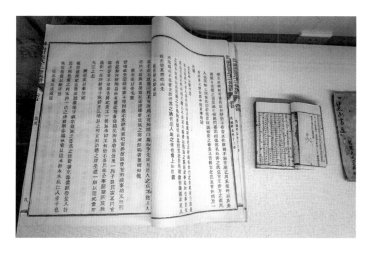

四堡雕版印刷的珍贵古籍（罗道荣／摄）

而且，四堡雕版印刷文化还孕育了版权保护理念的萌芽。新刻书籍的封面张贴出来公之于众，其他书坊不得开刻同类书版，只能租印，而且租印时须采用原书坊的堂号、封面、颜色、装订形式等，不得另有标记。如现存《四书典要辨讹》的封面版，就刻有"本斋藏版，翻刻必究"字样，是中国迄今发现较早的版权页实物之一。

□ 四堡雕版印刷的传承延续

近代以来出版技术不断革新，四堡雕版印刷业无可奈何地走向衰落。1942 年，四堡最后一间书坊关门歇业，四堡雕版、古籍开始流失。

随着时代的发展，当地民众逐渐意识到雕版的文化价值，开始自发保护祖传下来的雕版和书坊。如今，四堡雕版文化的保护备受重视，连城县委县政府积极推进四堡雕版印刷文化遗址的整体保护利用，出台了一系列保护措施，开展书坊抢救性维护，建设雕版印刷陈列馆、流程馆和技艺传习中心，让四堡雕版这个"前世之宝"真正实现"后世宝之"。

四堡今天依然保存着大量雕版和古籍等珍贵文物（吴德祥 / 摄）

四堡今天依然保存着大量年代久远、保存完善、举世罕见的印坊、雕版、印刷工具和古籍等珍贵文物，依然传承着完整的雕版印刷技艺，被称为"世界印刷与出版史上的活化石"。

2001 年，四堡古书坊建筑群被列入第五批全国重点文物保护单位。2008 年 2 月，雕版印刷技艺被列入国家级非物质文化遗产代表性项目名录。2015 年，连城四堡被列为中国印刷博物馆福建印刷文化保护基地。

雕版印刷技艺省级代表性传承人马力是四堡雕版工艺第十六代传人。10 多年来，马力不断探索和钻研四堡雕版工艺，认真学习和琢磨雕刻技艺，花大气力恢复了明清时期四堡雕版工艺的制作流程，在传承传统雕版工艺的基础上不断开发创新。

十年磨一剑，现在，马力的雕版设计、雕工技艺、印刷水平炉火纯青，印刷的作品字迹、图案清晰干净，制作的线装书精致美观，几乎与古代的善版不分上下。他勇于推陈出新，将作品融入现代人的生产生活，在古法雕版印刷技艺上改进出套色印刷法，改变了原来雕版印刷作品颜色单一的状况，使其更符合现代审美观，印制的文创产品备受人们的喜爱。

2014 年，由马力历经 3 个月创作的长 130 厘米、宽 42 厘米的王羲之《兰亭集序》大型雕版，在福州南后街举行的"龙岩非遗专题展"惊艳亮相。几十张印件以每张 100 元的价格被抢购一空。

2017 年，马力经过 300 多天的雕刻，完成了近千册线装仿古式样《增广贤文》的印制。近年来，马力已雕刻和印刷了《增广贤文》《惜字真宗》《兰亭集序》《心经图》等几十种书籍、书法、门神、对联、名画等雕版作品。

马力在潜心做好雕版印刷工艺

☐ 马力在古法雕版印刷技艺上改进出套色印刷法（马斌／摄）（上）

☐ 《兰亭集序》雕版是马力对四堡雕版印刷文化保护、传承与开发新思路的具体探索，图为马力在雕刻《兰亭集序》雕版（马斌／摄）（下）

▶ 四堡中心小学学生
在学习雕版雕刻技艺
（马斌／摄）

钻研的同时，也不忘做好它的传承发展。他不仅开设了雕版工艺体验馆，还把雕版工艺带进校园，在当地的中小学举办四堡雕版技艺培训班，将雕版印刷技艺传授给学生，培养学生对该技艺的兴趣，从中培养传承人。

"世事越是纷繁，我们越需要一种永恒的精神去引领时代，这种精神就蕴含在传统文化记忆和工艺精神当中。希望传统雕版印刷工艺能够在服务社会需求的创新发展中，更好地传承下去。"马力说。

作　　者："闽人智慧"编辑部

将乐西山纸：

纸寿百年　玉洁冰清

捌

　　造纸作为古代中国四大发明之一，自诞生之日起便承担了传承中华文化的重任。无论著书立传还是千古丹青，抑或是百姓的日常生活，都与纸有着密不可分的联系。通过千百年来造纸人的心手呵护，中华文明依托纸的承载而不断延续升华。

雨后的龙栖山自然保护区升腾着神秘莫测的氤氲山气，如轻纱帷幔，显得龙栖山精致而婉约，保护区内孕育着的两万多亩毛竹是最好的造纸原料（陈伟凯／摄）

□ 竹纸出闽省　西山最为佳

"凡造竹纸，事出南方，而闽省独专其盛。当笋生之后，看视山窝深浅，其竹以将生枝叶者为上料。"这是《天工开物》里关于竹制纸的描述。

早期造纸多使用树皮、麻、蒿、木材、稻草等植物纤维，总体上生产成本高、生态代价大。到了唐宋时期，技术要求更高、工艺更复杂的竹浆造纸被劳动人民创造出来。盛产竹子的福建自然成了适合生产竹纸的地方。

然而福建竹纸诞生之初，质量并不可靠，纸张耐久性较差。北宋蔡襄在福建为官时禁用竹纸，只因"诉讼未决而案牍已零落"，即官司还没打完，用来书写法律文书的竹纸就已经脆裂崩解了。

闽人自有其不服输的韧劲，随着一代代竹纸手艺人的技术革新，至南宋，福建竹纸质量始优于他省。藏书行家都知晓，福建建阳麻沙本的纸张均采用邵武、三明、延平诸地所产之竹纸。而建阳在南宋时期一跃成为中国三大刻书中心之一，与福建竹纸量大质优有着相辅相成的关系。

将乐是福建传统手工造纸大县，是中国最早生产毛边纸的地方，其产品又以西山纸最负盛名。西山竹纸制作技艺主要传承地将乐龙栖山海拔一千余米，山高谷深，盛产毛竹，有着丰富的原料资源，便于就地取材，适应传统手工造纸业的生存与传承。

西山造纸技术是一种历史悠久的传统手工技艺，完整传承了蔡伦造纸工艺。其纸料配方中"纸药"的使用，至今仍为国内外造纸行家所惊叹。凡造西山纸，须经过修山、备石灰、修湖塘（浸淹池）、砍嫩竹、溜竹、断筒、削皮、破竹麻、挑竹麻、落湖、洗漂、腌渍、剥料、压榨、匕槽、踏料、耘槽（打浆）、抄纸湿压、湿纸切边、牵纸烘焙、裁剪、分拣、整理包装、入库集运等20多道工序而成。每道工序都得十分用心。

西山纸有"纸寿百年，玉洁冰清"之誉称，以"细腻柔韧、光润洁净、吸水性强、久存不蛀，用于书法则吸墨性强、墨色固定而不褪色"等特征久负盛名。优质

┌ 砍嫩竹：立夏后的第三天，砍嫩竹，要有开叉出第一根枝条的才行（陈伟凯／摄）（上）

┌ 断筒：将嫩竹断成2米长，剖成3厘米左右宽的栅子，捆束成把（陈伟凯／摄）（中）

┌ 削皮：将嫩竹青皮削掉（陈伟凯／摄）（下）

的西山纸宜书宜画，既可用于修复古籍，也可用于装帧印刷，唐宋以来饮誉海内外。南宋时众多藏书行家都认定用福建竹纸书写成的书画名作最利于收藏。在清代时，西山纸一度出口日本、朝鲜、菲律宾、马来西亚、泰国等十几个国家。清人郭柏苍在《闽产录异》中言，将乐纸以龙栖山的西山纸最好。乾隆组织编纂"四库全书"时，曾命钦差大臣到将乐调纸印刷，更将西山竹纸列为官纸，专供朝廷使用。民国时期西山纸走向辉煌，百余家作坊年产纸 5 万余担，为福建之最。20 世纪 70 年代编印的《毛泽东诗词》线装本及重要历史资料，用的也是西山纸。

└ 1 入塘：把成捆的竹栅子放入池塘（陈伟凯／摄）

└ 2 撒石灰：在每一层栅子上撒一层石灰，灌水浸塘（陈伟凯／摄）

└ 3 剥竹麻：取出竹料洗净，再放进湖塘，引来泉水漂洗，接着剥去竹料的竹节和内外两层皮，放入竹料槽内（陈伟凯／摄）

└ 4 踏料：光着脚，反反复复地把竹料均匀地踩成细致的纸浆（陈伟凯／摄）

1
2
3
4

┌ 西山纸第四代传人、国家级非物质文化遗产竹纸制作技艺代表性项目传承人刘仰根（陈伟凯／摄）

近年来，得益于传承人孜孜不倦的刻苦钻研，西山纸生产工艺在传统的基础上不断升级改良，深受用户喜爱。相比其他纸种，竹纸具有造价低、易印刷、抗虫蛀等显著优点。竹纸纤维结实柔韧，吸水性强，印写即干，无毒性，色泽稳定，字迹经久不变，同时不受虫蛀，保存时间长，适用于书画、簿籍、印刷、裱背、包装等。

□ 夜听水流庭后竹　近看云起面前山

西山造纸技术是中国古老手工造纸技艺的缩影，对

研究福建及中国传统手工造纸技术的传承与发展具有较高的历史、文化和科学价值。

2008 年，竹纸制作技艺（西山造纸技术）被列入第二批国家级非物质文化遗产代表性项目名录。

西山纸第四代传人、国家级非物质文化遗产竹纸制作技艺代表性项目传承人刘仰根，17 岁时就开始在沙溪仔屋边厂纸槽上班。其父刘启春在这个纸槽当管理员。刘仰根说，当时一家手工作坊就叫作一个纸槽。每个纸槽有 10 名工人，一名管理员。二十世纪五六十年代，当地造纸作坊发展到 102 个。1985 年，有里山、外山、上地 3 个造纸厂，辖毛边纸槽 93 个。至 1990 年，毛边纸槽仅剩 20 多个。

山里的汉子吃苦耐劳。1987年，30岁的刘仰根已对各种工序驾轻就熟，接替父亲成为管理员，负责技术指导和监督管理，按行业内的话说，刘仰根成了师傅的师傅。由于造纸采用流水线作业，哪道工序的工人缺岗，刘仰根就要随时作为工人顶岗。

　　岁月荏苒，繁华褪尽。在龙栖山原始密林里，一座古老的造纸作坊依然默默坚守在时光里。"夜听水流庭后竹，近看云起面前山"，刘仰根家门前的这副对联，正是一代代造纸人在大山里的生活写照。

　　"做纸很辛苦！"刘仰根说。

　　每年立夏后第三天，刘仰根与纸工们就上山砍嫩竹。将嫩竹断成2米的长管，再剖成3厘米左右宽的栅子，捆束成把投入湖塘，撒上石灰，灌水浸塘。两三个月后，竹片已浸泡得糜烂，熟透变黄。取出洗净，再放进池塘，用山上的泉水漂洗。接着剥去竹节和内外两层皮，放入竹料槽内。

　　踏料，是最辛苦的一道工序。要将剥去皮的竹麻放在一个长方形的窄小木槽里，由工人赤脚反复踩踏，使之成为纸浆。劳动时，两个健壮工人必须用手抓住悬在梁上的吊环以保持身体平衡，并侧转着身子，喊着高亢的号子，用力踩踏纸料，样子好像壁画中的对舞。

　　抄纸则要用上好的竹帘，由老师傅（俗称杠头）来操作，以确保质量。纸工们在纸槽内荡料入帘，滤水，把纸浆翻转倒扣在木板上，分离出一张张湿纸。为了使

湿纸能够分张，抄纸前还要往纸浆里放入一定剂量的"纸药"（一种用郎根叶熬成的胶质液体）。这是手工造纸的关键技术，杠头师傅一般都秘而不宣。

最后在焙纸房内将湿纸焙干、揭下、裁切。至此，一张冰清玉洁的西山纸才完美面世。

这种原始的手工造纸工艺凝聚的古代人民智慧和古朴民风，是从现代机器造纸中无法领略到的。龙栖山刘仰根的半甲纸厂至今还保留着这种传统工艺。

受工业造纸的影响，曾经供不应求的手工纸生存空间越来越小，西山造纸业的境况也令人担忧，曾经辉煌的御用纸也风光不再。由于工作枯燥，又是个体力活，经济效益不

1 耘槽：纸工们协调配合，手持一块抄纸帘放进纸槽，荡料入帘（陈伟凯／摄）
2 起帘，移步闸床（陈伟凯／摄）
3 把纸浆翻转倒扣在闸床木板上，揭起帘子，就分离出一张湿纸（陈伟凯／摄）
4 将一张张湿纸厚厚叠在粗重的纸榨上，榨去水分（陈伟凯／摄）

佳，很多年轻一辈不愿意学习这门手艺，西山纸手工制作技艺的传承面临着断层的窘境。

为了让西山纸手工制作技艺更好地传承下去，刘仰根花了不少心思。2010年起，刘仰根通过连续几年参加海峡两岸文化产业博览交易会，使得西山竹纸渐渐重新受到社会各界关注，不少书画家、出版社纷纷来龙栖山订购。刘仰根还研发了长卷、小长卷、册页、古法线装本等形式的产品，满足了更多的社会需求。

┌ 1 焙纸：一张张湿纸被送到焙纸房，焙纸工们用刷子把墙刷湿，按顺序将湿纸贴在焙壁上（陈伟凯／摄）
┌ 2 待焙干，一张张地揭纸（陈伟凯／摄）
┌ 3 抄纸：用钳子从纸头处将粘连在一起的湿纸一张张钳开（陈伟凯／摄）
┌ 4 裁切：最后将干纸叠齐，进行裁切（陈伟凯／摄）

| 1 |
| 2 |
| 3 |
| 4 |

刘仰根造纸作坊所在的龙栖山正在规划建设森林康养项目。"龙栖山将森林康养与自然教育相结合，规划在保护区的自然教育研学基地建立西山竹纸传习所。传习所将对市民开放，让大家学习传承造纸工艺，体验造纸工艺项目，了解非遗文化。"福建龙栖山国家级自然保护区管理局党委书记熊拥军介绍。

传统文化只有让更多人看到，才能被关注，被热爱。随着地方政府对文化传承工作更加重视和社会大众对传统文化认知的转变，非遗文化正以新的方式、新的面貌出现在大家面前。刘仰根的小儿子刘宗华还以直播的形式让更多的网友了解造纸术，了解西山竹纸，为西山竹纸文化传播打开新的局面。

造纸术在中国有着两千多年的历史，古法造纸凝结的智慧和技艺魅力是工业机器所替代不了的。目前，将乐县正在建设文博小镇，计划开设一个专门的西山竹纸儿童体验区，让孩子们体验做竹纸的乐趣，了解古法造纸的流程以及技艺，学习传统文化知识，传承非遗文化。刘仰根希望在年轻一代的心里种下一颗文化的种子，为西山造纸留根。

作　　者：陈伟凯　肖晓敏　董观生

漳浦剪纸：

寻常纸片　剪映人生

玖

漳浦剪纸既是漳浦千百年来民间文化的重要符号，也是广大劳动人民勤劳智慧的结晶。早在 1,300 多年前，剪纸技艺就伴随开发漳浦的步伐，被一批批中原移民带到这里，逐渐装点了当地人民生活的方方面面。

⌐ 国家级非物质文化遗产漳浦剪纸代表性项目传承人林桃在创作时心无旁骛，全神贯注，物我两忘（吴军／摄）

└ "四大神剪"花姆之一林桃剪纸作品《赛龙舟》：端午节是漳浦白沙人祈求风调雨顺、海晏河清、渔民出海平安顺利的重要节日，这件作品反映的是端午节划龙舟的情景，画面上没有竞渡的激烈，却有一种仪式般的静穆平和（闽智／供图）

□ 花姆手艺　女儿间代代相传

漳浦剪纸之所以能够在此盛行，是因为这里有一群追求美、创造美的人们，尤其是那些被尊称为"花姆"的女性。旧时，漳浦有"坐花姆"的习俗，即姑娘们成亲之前要到花姆家学习刺绣、剪纸、裁缝等女红技艺。花姆会按照传统剪纸样式剪一套样本赠送给学徒们学习。在不懂如何拿笔的情况下，过去学徒们是利用灯火冒起的烟熏那些贴着纸样的纸张，以产生复印的效果。所以，花姆赠送的样本也叫"熏样"，是代代承续的视觉形象和造型艺术。

"坐花姆"期间，姑娘们就靠花姆的熏样锤炼剪纸技艺，同时在花姆的口授之下，学到许多与剪纸相关的历史文化知识。那些进步快、成绩突出的姑娘也许会成为

┌ "四大神剪"花姆之一陈铇来剪纸作品《牧牛》：小牛欢快地蹦跳着，嘴巴吻着牧童的手，老牛摇着尾巴，回过头来含情脉脉地看着他们玩耍，这种梦幻般的情景也许只有像陈铇来老人这样热爱田园生活的人才能创作出来（闽智／供图）←

┌ "四大神剪"花姆之一黄素剪纸作品《老鼠娶亲》：颇具空间感的"C"字形构图和流动的行走路线，使得整个迎亲队伍看上去很庞大，老鼠们有提灯笼的，有抬轿的，有吹唢呐、敲鼓、敲锣和敲钹的，媒婆则摇着手帕，一扭一扭地跟在轿子后头，谐趣横生（闽智／供图）↙

┌ "四大神剪"花姆之一陈金剪纸作品《踩水车》：真实再现了二十世纪五六十年代社会
生产劳动的场景，农户之间相互协作，在水田里耕耘，难能可贵的是作品对水车的刻画
比较写实，成为那个时代生产工具的记录（闽智／供图）

△ 林桃剪纸作品《猪蹄花》：漳浦人下聘礼时，男方要给女方送来糕、饼、猪蹄、布匹等四色礼物，不管量多量少，上面总要铺上一层美丽的纸花——铺在饼上的是大饼花，铺在猪蹄上的是猪蹄花（闽智／供图）←

△ 林桃剪纸作品《大饼花》：大饼是不可或缺的聘礼，圆圆的大饼一向是团圆、圆满的象征，在满箩的大饼上铺上一层红彤彤的大饼花，传达出人们对美满婚姻的祈愿（闽智／供图）↙

新一代花姆。就这样，在花姆们的艺术创造和无私传授中，漳浦剪纸得以代代相传，焕发出璀璨的光芒，也逐渐脱离刺绣，成为一种独特的民间艺术形式。

漳浦剪纸以阳剪为主、阴剪为辅，具有构图丰满、匀称，线条连贯、简练，风格细腻、雅致的艺术特点。漳浦剪纸在色彩上以红色为主，在对比色中寻求协调，具有强烈的工艺装饰效果。其"排剪"技法在羽毛、花瓣等细节的创作上丝丝入扣、栩栩如生，连续不断却又根据分明，非常考验匠人的功力。

2008 年，漳浦剪纸被列入第二批国家级非物质文化遗产名录；2009 年，作为中国剪纸项目的组成部分，被列入联合国教科文组织非物质文化遗产名录；2020 年12 月，入选第一届全国技能大赛"最受欢迎的中华十大绝技"。

今天我们能够欣赏到的早期漳浦剪纸，多数是花姆们智慧的结晶。她们是这项非物质文化遗产的保护者与传承人。在漫长的人生旅途中，剪刀和红纸是她们最忠实的伴侣。她们几十年如一日，用手中的剪刀抒发着内心美好的理想与追求，传递着自己的社会认识、道德观念、实践经验和审美情趣，也是在细微的"咔嚓、咔嚓"声音里，一方水土美好的文化记忆得以保留下来。

□ 民间天才　剪出如歌生活

提到漳浦花姆，自然绕不开四位神剪花姆——林桃、陈金、黄素、陈匏来，特别是闽南地区民俗与艺术的集大成者——林桃。她以高超的技艺水平和昂扬的创作热情，用百年苦乐人生锻造出简洁古拙的剪纸艺术，白描般地记录了闽南沿海地区的风土人情。

一个世纪的风雨洗礼，林桃以高超的剪纸艺术和朴素的美术思想，化繁为简，进入化境。一方面她的剪纸仍然保留着民间传统图案、纹样和造型，从她的作品不难发现传统刺绣、剪纸、床花、桌花以及屋脊花等富于民间特色的艺术痕迹。她通过对传统民间艺术中题材、纹样、结构及各种表现形式的辩证扬弃，在否定与保留之间吸收了他人或先贤优秀的部分，融入了自己的创作思维并建立了传统意义上的审美观念。这就形成了林桃剪纸艺术的传统性特点。

另一方面，她的创作强调审美的自我意识。在她的创作实践中，形象性思维占据基础地位，而独创性又是她对世界观察思考的具体反映，从而使她的剪纸艺术创作带上浓厚的原生态艺术特征。

林桃老人的作品《捉虾》就很具有典型性和神秘色彩。如果以一般人的正常思维来看，画面显然是荒诞的，人虾比例明显失调，作品中虾的体积远大于人，占据画面很大的空间，在欣赏者的视觉上产生强烈的冲击力，令人震撼。为什么她的创作能够这样大胆呢？林桃一句朴素的话便道破天机："虾大就值钱嘛。"原来这就是创作者心中祈祷的符号，林桃用最朴素的语言解开她心灵

林桃剪纸作品《捉虾》（闽智 / 供图）

林桃剪纸作品《捕鱼》表现的是渔民拉网捕鱼的劳动情景，生活在渔村的林桃老人对渔家的劳作生活自然是再熟悉不过了，因此，反映渔家生活的作品占据了她创作的重要部分（闽智 / 供图）

└ 林桃剪纸作品《养虾》：林桃老人的家乡白沙是有名的水产养殖基地，老人图腾式地把对虾养殖情景纳入自己的创作题材，并且把对虾塑造得比人物还要大，这是她对丰收的期盼（闽智／供图）

林桃剪纸作品《丰收》：波涛之上，两位渔民立于舟中，一人拉帆，一人抓着鱼，水下，几条不知名的大鱼在翻滚跃动着，体积比人物还要大，作品尺幅虽然不大，但画面气氛热烈，情节张弛有度，尤其难得的是林桃打破了惯常的三维空间概念，在二维空间里，以主观想象让船舱里的大鱼展现出来，既大胆却又合理，既玄奇而又生动（闽智／供图）

┌ 林桃剪纸作品《肩罩花》：女性的霞帔俗称肩罩，只有在出嫁、"穿灯脚"和入殓等人生重要时刻才穿戴，特别是出嫁和"穿灯脚"时，女子肩上色彩斑斓的肩罩常常引得全村沸腾，可以想象，依照这件肩罩花绣出的作品将是何等的美丽（闽智／供图）

林桃剪纸作品《肚兜花》：花纹精美，有菊花、双凤戏牡丹等纹样，象征吉祥、富贵，这样的肚兜不但保护着人体的隐私，也蕴蓄一个民族谦卑而又浪漫的性格以及丰富而又古老的文明（闽智／供图）

的密码——祈求来日的丰收，这是她美好愿望的幻化。

林桃就是在自由创作中大胆运用剪纸艺术的一般规律和自身审美标准来塑造物象。正如她所说的"看啥想啥剪啥，剪纸全在于'心窍'"，她可以不受任何框架的羁绊而随心地将自己的情感、想象表达出来。也许只有像林桃这样阅尽百年沧桑的智者，才能创作出这样的作品。

《中国民间美术全集·剪纸》收录了她的代表作，并在概论中称她"代表着中国民间剪纸艺术创作的最高境界"。福建省文联、漳浦县人民政府授予她"剪坛巅

└ 陈建新作为关门弟子，在林桃阿婆身边 17 年，从中逐步领悟到"剪纸全在于'心窍'"的道理（林瑞红／摄）

峰""誉满神州"等牌匾。2004 年，中央美术学院评价她是"我国沿海地区民间剪纸天才传承者代表"，专门为她在中国美术馆举办了《走进母亲河——中国民间剪纸天才传承者的生活和艺术》展览。林桃为中国剪纸申报联合国教科文组织非物质文化遗产名录作出重要贡献。2009 年，她被中国文联授予"从事新中国文艺工作六十周年"荣誉证书。

今天，漳浦剪纸艺人们在老一辈花姆所开辟的艺术道路上，运用聪明才智，把本属于闺阁私传的传统艺术形式继续发扬光大，既坚持传统，又适应着社会发展带来的新需求，让漳浦剪纸在民间艺术的百花园里绽放出更加绚烂的芳华。

作　　者：陈建新

柘荣剪纸：
质朴灵秀 与时偕行

剪纸是中国流行的民间艺术之一，但各地的剪纸艺术风格却有所不同。

柘荣剪纸历史悠久，可上溯至唐代，随中原移民南迁而流入，盛于清代、民国时期，至今已有 1,000 多年的历史。柘荣剪纸最早由民间刺绣的底样发展而来，民间巧女得长辈传授，八九岁便学着抠花样、习针作线，在农事家务之余，用一把剪刀、几层薄纸，以自己周遭的生活为意象，把对美好生活的期冀寄托于一刀一剪之间。

└ 国家级非物质文化遗产剪纸（柘荣剪纸）代表性项目传承人袁秀莹剪纸作品《百子喜乐图》，获第三届国际剪纸艺术展终身成就奖（柘荣县非遗保护中心／供图）

柘荣剪纸在当地城乡广为流传，具有扎实的群众基础。围绕节日、民俗等活动，从婚嫁、小孩满月到"大生大礼"，或装饰窗户，或点缀嫁妆，覆盖于箱、笼、枕、被和坛口上，柘荣剪纸在群众日常生活中有着广泛的运用。特别是春节来临之际，腊月廿三祭灶神这天，柘荣民间巧女们剪好的福、禄、寿、喜等花样被贴于碗橱、灶边及陶瓷器皿上，以祈福祛邪，农村更有贴在耕锄上，以求来年五谷丰登的传统。

柘荣地处闽东内陆山区。相对封闭的地理环境，相对固定的生产生活方式，以及当地剪具业发展，使中原剪纸艺术在本地得到了较好的传承，因此柘荣剪纸有"中原剪纸文化活化石"的美誉。

在创作手法上，柘荣剪纸保留了中原剪纸以剪为主、以刻为辅的创作手法：创作时不打草稿、不用粉本，先剪外形，再进行图案内部镂空处理。这种创作手法往往使剪纸的图案造型概括简练、质朴粗犷、大胆夸张，多以块面的造型语言进行形象表现。与漳浦剪纸幅面占据较满不同，柘荣剪纸布局轻松写意，外形不求对称、随意挺劲，内部镂空、剔透鲜明，阴阳变化大小不一，黑白美显而易见，与黄河流域出土的陶俑极为相似，颇具远古艺术之美。其他地区剪纸中常见的锯齿纹、月牙纹等装饰语言，在传统柘荣剪纸中比较少见，有些甚至直接舍弃，体现出浑然一体、简单淳朴的艺术风格。

└ 柘荣民间老艺人剪纸作品，左上为王描眉老人的《虎鹿图》（柘荣县非遗保护中心／供图）

┌ 孔春霞剪纸作品《羲和》，为纪念中国首颗太阳探测科学技术试验卫星"羲和号"发射而创作，"羲和"之名取意"效法羲和驭天马，志在长空牧群星"，象征中国太阳空间探测的志向。该作品阴刻与阳剪合璧，将太阳、女神、花鸟、虫鱼等元素通过剪纸语言有机融合在一起，集中国传统文化与民族技艺于一体（柘荣县非遗保护中心/供图）

受南方社会文化浸润，柘荣剪纸亦不乏细腻灵秀之处。在长期的历史发展中，柘荣剪纸受到南方剪纸写实风格影响，在细节处理上开始变得精细、翔实、严谨而秀丽。所以说柘荣剪纸艺术体现了南北方剪纸艺术的融合。这在当代中国剪纸中具有很强的代表性。

柘荣剪纸艺人往往不刻意追求每一个具体的物象到底像不像，也不管描绘的世界是否符合真实世界的逻辑，而采用一种类似现代艺术中超现实主义手法，把情理上相关的物象进行自然的艺术再造，以简明的画面表达自己的情感。

柘荣剪纸作品有的表现日常生活，有的表现节日习俗，有的表现民俗信仰。稚拙的造型，展现了柘荣多文化、多族群融合汇聚而成的民间生活风貌，达到了中国传统艺术效果中"似与不似"的境界。

老艺人们用剪刀把心中的期盼和欢喜，自然流淌到一张张纸上。她们虽身处艰难困苦的传统农耕社会生活中，但她们的作品上却看不到悲苦，只看到她们对生命的热烈歌颂和对美好的向往。如老艺人王描眉的作品《虎鹿图》，虎背上骑着娃娃，在追逐一只奔跑的小鹿。作品想象奇特，旨在祝愿娃娃像虎一样壮实。

在没有经过专业美术训练的背景下，老艺人们凭借口传心授的技艺，在经历了经年累月对祖传老花样的临摹训练之后，逐渐掌握了用剪纸表达生命体悟的创作方式，随心所欲地进行纯粹自我的本真表达。这是中国民间艺术产生与存在的经典模式，也是柘荣剪纸的独特艺

孔春霞剪纸作品《女娲补天》，大胆运用红与黑两种对比强烈的色彩，块面与线条竞相呼应，再现了神话故事中女娲补天的壮观场景，古代传说中的青鸟、神兽、凤凰等形象让画面更具有部落图腾时代的神秘感，彰显出剪纸艺术的独特魅力（柘荣县非遗保护中心／供图）

术魅力所在。

20 世纪 70 年代末，柘荣县委、县政府强化了对柘荣民间艺术的发掘、抢救和保护工作，开展民间艺人普查工作，发现了众多乡村剪纸能手。从 20 世纪 80 年代起，柘荣剪纸就多次参加省内民间美术展览、到北京展出，并曾赴菲律宾、马来西亚、印尼、埃及、丹麦、巴基斯坦、美国、巴西等国家交流，部分作品被中国美术馆、福建省博物院以及海外一些博物馆收藏。

2000 年，柘荣县被原文化部命名为"中国民间文化艺术之乡（剪纸）"；2008 年，柘荣剪纸被列入第二批国家级非物质文化遗产名录；2009 年，柘荣剪纸作为中国剪纸的组成部分，被列入联合国教科文组织非物质文化遗产名录；2018 年，柘荣剪纸被列入第一批国家传统工艺振兴目录。

□ 变与不变，古老民间技艺的时代新王

"剪纸不仅需要动手，在创作过程中，还需要开动脑筋思考，手和脑同时得到了锻炼，而且剪纸的过程能使人心态平和，忘记烦恼。"即便已经 90 多岁高龄，经历过眼部手术，也未离开方桌，放下手中的剪刀，她就是柘荣剪纸国家级非物质文化遗产代表性项目代表性传承人、剪艺大师袁秀莹。

┌ 1927 年出生的民间剪纸艺术家袁秀莹是国家级非物质文化遗产剪纸（柘荣剪纸）代表性项目传承人、福建省剪纸协会名誉副会长、福建省工艺美术大师（陈伟凯／摄）

"小时候弟弟吵闹，祖母便剪剪纸哄他，我想学，祖母便手把手地教我，那年我才8岁。"袁秀莹第一次拿起剪刀和红纸，尝试着模仿，或许是天生的悟性使然，竟然一剪成功了。自此，开始了她一生的剪纸生涯。在80多年的时光中，袁秀莹始终平静地守着方桌剪纸，用一幅幅具有生命力的剪纸作品绽放出柘荣剪纸艺术的精彩，也用自己的言传身教延续着剪纸艺术的传承。

作为柘荣剪纸重要代表性人物的袁秀莹，其作品不仅承袭柘荣剪纸风格，同时，在艺术表现形式和题材内容上融入了不少现代创作元素，一改过去剪纸以动植物题材为主的做法，在创作中融入大量的故事情节，使其更为生动。袁秀莹对剪纸的另一突破性贡献在于，她把民间工艺和现代艺术理念相结合，推动剪纸艺术更好地融入现代生活。

┌ 袁秀莹创作的《百蝶图》，1995年"北京首届中华巧女手工艺品大奖赛"参赛作品，袁秀莹在此次比赛中获国务院原副总理陈慕华题词"中华巧女"称号（柘荣县非遗保护中心／供图）↑
┌ 柘荣剪纸艺术深刻反映时代主题和人民的生活状态，图为袁秀莹弟子孔春霞创作的反映脱贫攻坚主题的剪纸作品（柘荣县非遗保护中心／供图）→

随着柘荣剪纸受到国内外的赞誉和重视，袁秀莹大受鼓舞，90多岁高龄的她仍坚持每天从事剪纸创作6—8小时，不遗余力地宣传剪纸。她还编写剪纸教材，将自己的技艺倾囊相授。她最大的心愿便是，让更多人爱上剪纸、学习剪纸，使柘荣剪纸艺术得到更好的传承和发展。她的悉心传授也结出了硕果，学生中出了1位省级工艺美术大师、3位省级工艺美术名人、2位柘荣剪纸省级非遗传承人。

随着人们生活方式和观念的更新，民间剪纸也必然要与时俱进。为继承发扬柘荣剪纸这一传统民间艺术，使柘荣剪纸成为独具特色的地方文化产业，增加城乡群众的经济收入，柘荣县制订了一系列措施，对剪纸文化产业进行挖掘和保护。柘荣县先后建设了"柘荣剪纸之窗"、柘荣民间艺术馆、柘荣剪纸特色产业馆等，吸纳剪纸企业入驻，发展壮大剪纸产业。柘荣县还举办剪纸艺术骨干培训班，重点组织中小学美术教师、中青年妇女及剪纸爱好者学习和开展创作，以形成一批稳定的剪纸人才队伍；在中小学校内设立剪纸培训基地，开设剪纸兴趣班，将乡土教材《柘荣剪纸》列入教学计划，培养民间剪纸新生力量……

如今，柘荣剪纸不仅有"中华巧女"袁秀莹这样剪纸技法炉火纯青的国家级非物质文化遗产代表性项目传承人，其弟子游晓卿、郑平芳、孔春霞、吴秋凤、金素清等一批技能大师也培育出了一批又一批剪纸传承群体，

┌ 孔春霞剪纸作品《虎年福见》中融入了福虎、三坊七巷、武夷山、土楼等福建元素，营造了浓厚的新春氛围（柘荣县非遗保护中心 / 供图）

让艺术传承与创新未曾间断。

创新是最好的继承和保护，除了注重剪纸人才的培养，在"新"字上下功夫成为柘荣发展壮大剪纸产业的又一利器。柘荣剪纸大师们在继承传统的基础上勇于突破，采用民间工艺与现代艺术相结合的手法，打破了传统阳剪、阴刻手法，借鉴油画、影雕、摄影、素描、白描等艺术，在色彩上大胆运用点色、衬色、套色手法，丰富了剪纸的色彩。

在材料选用方面，柘荣剪纸尝试使用铜版纸、蜡纸、绒纸、布、树叶等，使剪出的作品保持长久不变色。此外，题材的丰富、应用领域的拓展、文创产品的开发等

┌ 剪纸文创产品《茶席》（柘荣县非遗保护中心／供图）（上）
┌ 剪纸文创产品《小夜灯》（柘荣县非遗保护中心／供图）（下）

也在日益创新之中。经过几年的发展，柘荣剪纸衍生出了剪纸服饰、剪纸灯具、剪纸陶瓷等 100 多个品种的文创产品，还探索开展主题定制业务，在创新与传承的相互交融中开拓出了一条产业化道路。

"年轻人有年轻人的想法，创新和发展都要看年轻一辈。"袁秀莹看好柘荣剪纸的未来发展，将希望寄托于年轻一辈，寄托于新的时代。

作　　者：陈伟凯　陈　景　袁芸菁

武夷岩茶：

红袍披玉叶　岩骨焙花香

拾壹

　　"千载儒释道，万古山水茶。"助力武夷山摘取世界上仅有 23 项"双世遗"桂冠的，除了深厚的文化内涵、绝妙的自然景观和丰富的生物多样性，还有名满天下的武夷茶。武夷茶能得世人追捧，除了武夷山特有的水土赋予它的独特风味，更离不开历代茶人的精心炮制。

　　武夷岩茶（大红袍）制作技艺是武夷山历代茶人在长期的实践中摸索与总结出来的，是集体智慧的结晶。它的出现并日臻完善，开启了茶叶制作的一个全新时代。

张天福当年在武夷
山发明的木制揉茶机
（郑友裕／摄）

如摇筛做青这一决定岩茶品质的关键工艺，就必须运用"看天做青，看青做青"和"走水返阳"的绝技，在低温久烘中，凭借视觉的判断和对温度的手探，不断调整、控制每个时段的温度，实现以火调滋味、以火调香气。这两项技艺，充分体现了中国传统技艺天人合一的自然观和重视经验总结的科学观。

在此过程中，一代代武夷茶人在悟透传统工艺原理的基础上不断探索，为武夷岩茶制作技艺注入科技元素。

张天福在福建示范茶厂与崇安茶叶试验场工作期间，为武夷岩茶（大红袍）制作技艺的改进提升、创新发展做出了卓越的贡献，被今人誉为"乌龙茶泰斗"。他在《918揉茶机的构造与制茶品质关系之试验》一文中指出："茶叶制造，目前最感有改良之必要者，厥为揉捻之方法与器具。一般茶农多用足揉捻茶叶，既不卫生，又损品质；如用手揉，则力量不足，且时间及人力两不经济。"

为此，张天福不遗余力地对武夷岩茶（大红袍）制作技艺进行深入研究。在继承传统的基础上大胆创新，针对揉茶这道工序，于1940年设计了简便耐用、提质增效的918揉茶机，将揉捻的工艺推动到机械化时代，从

└ 武夷岩茶（大红袍）制作技艺省级非遗传承人王顺明使用 918 揉茶机（郑友裕／摄）（上）

└ 武夷岩茶（大红袍）制作技艺传承人展示岩茶审评（郑友裕／摄）（下）

而节省人力，提高了制茶的品质。

可以说，武夷岩茶（大红袍）制作技艺的形成，不单是某个人、某个团体所为之，而是历代茶人与武夷山茶农、茶工的共同劳动成果，是一群不畏艰辛、勇于开拓、兼收并蓄、潜心钻研的茶人、茶农的智慧结晶。

得益于一代代武夷茶人的匠心传承、守正创新，武夷岩茶（大红袍）享誉海内外，成为全国十大名茶之一。2005 年，武夷山被评为"中国茶文化艺术之乡"。2006 年，武夷岩茶（大红袍）制作技艺被列入第一批国家级非物质文化遗产代表性项目名录。这些成绩的取得，离不开武夷山每位茶人的匠心奉献。

□ 时代科技助力产业振兴

作为福建农学院茶叶专业的科班生，自 1987 年毕业后，刘国英便与武夷岩茶科研带头人、武夷山茶叶界泰斗姚月明老先生结缘，拜其为师。从那时起，刘国英

大红袍母枞，相传曾得皇帝御赐红袍披树，茶叶列为御贡，因而得名大红袍（郑友裕／摄）

□ 集体智慧炮制岩茶真味

武夷茶的传统制作技艺历史悠久，源远流长。从南北朝简单的采叶做饼，到唐代蒸青饼茶（研膏、蜡面），宋代的龙凤团茶、明代的炒青绿茶、清代极为兴盛的小种红茶，以及始于明代、盛于清代的岩茶（即乌龙茶），它几乎涵盖中国主要茶类。这充分体现了武夷山茶人、茶农的勤劳智慧，勇于创新。

明清时期，武夷茶人、茶农在炒青绿茶和小种红茶

武夷山御茶园（郑友裕／摄）

┌ 武夷岩茶大红袍干
茶（郑友裕／摄）（上）
┌ 大红袍诱人的汤色
（郑友裕／摄）（下）

的基础上，承前启后，开创了特色鲜明的武夷岩茶制作工艺，最终形成独树一帜的乌龙茶制作技艺。武夷岩茶诸多制茶绝技主要体现在"两晒两晾"的萎凋、"死去活来"的做青、"双炒双揉"的杀青与成型和"低温久烘"的烘焙。其超群绝伦的制作技艺自然反映在极为优异的岩茶品质上，主要特征是：在外形上呈长条眉状，叶底明亮且呈现"绿叶红镶边"，其汤色橙黄、香气清幽浓长、滋味醇厚鲜爽、回甘韵显且七泡有余香。总之，制作技艺的独特与精湛使得武夷岩茶突出了天然真味与岩骨花香的韵味。

民国期间，武夷岩茶（大红袍）制作工艺更趋科学。抗日战争爆发后，由于沿海大部分茶叶基地受到破坏，吴觉农、张天福、庄晚芳、王泽农、庄任、吴振铎、林馥泉等一批茶界有识人士，负笈提囊、翻山越岭来到武夷山，经营示范茶场，筹办茶叶研究所，与武夷山当地做茶师傅共同研究，将武夷岩茶制作工艺上升为理论，并指导茶人、茶农实践。

正因如此，武夷岩茶传统制作技艺不仅保留了中国传统工艺中因材施艺、尊重自然的鲜明特点，而且具有工业时代尊重科学、注重总结的时代特征。

倒水坑茶园（邝友裕／摄）

星村燕子窠生态茶园（郑友裕/摄）

袍）制作技艺口口相传的情形多，用文字记录大红袍制作技艺刻不容缓。于是，他致力于寻找、搜集、记录武夷岩茶（大红袍）制作技艺的历史资料，编写了武夷岩茶制作工艺科普丛书，发表武夷岩茶相关论文 30 多篇。2014 年 6 月，中国艺术研究院、中国非物质文化遗产保护中心授予刘国英"中华非物质文化遗产传承人薪传奖"。

"作为南平首批科技特派员，传播武夷岩茶（大红袍）制作技艺是我的使命。我要把技术传授给更多人，让武夷岩茶（大红袍）传统制作技艺传承好、弘扬好，助力农民增收和乡村振兴。"刘国英说。

┌ 武夷岩茶（大红袍）制作技艺传承人展示晾青（晒青）（郑友裕／摄）（上）

┌ 武夷岩茶（大红袍）制作技艺传承人展示摇青（郑友裕／摄）（中）

┌ 武夷岩茶（大红袍）制作技艺传承人展示手工揉捻（郑友裕／摄）（下）

┌ 刘国英（中）向青年茶人传授揉茶技艺（伊凡／摄）（上）
┌ 刘国英在评审武夷岩茶（郑友裕／摄）（下）

就一直从事茶叶的生产、研究、培训指导和产业管理等工作，也见证着揉捻机技术的沿革与升级。

"918揉茶机代表了武夷岩茶在工业时代的进步，提高了当时茶叶的生产力和生产效率。随着茶产业的发展，我们在918揉茶机的基础上，从制作材质、动力和压力设置三方面进行了改进，实现了揉捻机从1.0版升级到3.0版。"刘国英说。

1999年，武夷山摘下了获评世界文化与自然遗产的桂冠，越来越多的人走进武夷山，武夷岩茶产业迎来了发展的春天。刘国英也走上了传帮带、传授茶叶制作技艺的道路。

每到茶香四溢的季节，刘国英走农家、入茶山，向茶农传授种茶和制茶技术。30多年来，他以传统的"师带徒"方式带徒100余人，以培训班授课的方式培训学生一万多人次，有10多位徒弟成为茶叶加工高级技师。

在此过程中，刘国英强烈意识到，武夷岩茶（大红

一 武夷岩茶精制过程中使用食品级不锈钢流水线制作的自动化设备（郑友裕／摄）

2021年3月22日，习近平总书记在武夷山考察时强调，要把茶文化、茶产业、茶科技统筹起来。习近平总书记的嘱托犹如和煦春风，给武夷山茶产业带来新活力。

一大批将传统制茶技艺与现代先进生产设备相结合的茶科技运用项目如雨后春笋般涌现出来。一批具有科技含量的制茶机械投入生产之中，推动生产过程自动化、智能化、清洁化，极大地促进了效率和品控双提升。

年年茶相似，岁岁香不同。武夷山茶人在传承传统技艺的同时，将循着习近平总书记提出的茶文化、茶产业、茶科技统筹发展路径，让武夷山的茶香更有文化味、更具科技感。

作　　者：吴斌 朱曦

白茶是中国绿、红、黑、黄、白、青（乌龙）茶六大传统茶类之一，始于唐宋，盛于明清，因成品芽头肥壮，满披白毫，如银似雪而得名。

明末清初时，太姥山绿雪芽白茶声名更盛。明代《广舆记》载"福宁州太姥山出名茶，名绿雪芽"。清代《闽小记》《闽产录异》《闽游偶记》《太姥山指掌》等文献中也有相关记载。清代诗人汪懋麟诗叹："贻我绿雪芽，重比南山贾。"

绿雪芽古茶树生长于福鼎太姥山鸿雪洞口，是福鼎白茶的原始母株。民国卓剑舟所著《太姥山全志》载："绿雪芽，今呼白毫，色香俱绝，而成尤以鸿雪洞为最。产者性寒凉，功同犀角，为麻疹圣药，运销国外，价同金埒。"说明当时人们已经深谙白茶的功效和价值。

　清代周亮工《赖古堂集》闽茶曲十首之一《绿雪芽》诗曰："太姥声高绿雪芽，洞天新泛海天槎，茗禅过岭全平等，义酒应教伴义茶。"（福鼎市委宣传部／供图）↑（左）

　已被福建省绿化委员会列入古树名木保护目录的绿雪芽古茶树，是见证白茶生产历史的活化石（林乃设／摄）↑（右）

⌐ 白琳老街是福鼎茶叶贸易发祥地、白琳工夫红茶发源地、新工艺白茶诞生地，清末民初最鼎盛时期，白琳以外的茶商纷纷在此开馆经营茶叶，涌现出 36 家颇具规模的茶馆（福鼎市委宣传部 / 供图）

中国白茶发源地——福鼎

张天福

☐ 既讲古法，又靠天成

"色泽翠，茸毛多，节间长，香气高，滋味浓，耐冲泡，条索肥，白毫显……"福鼎人爱用朗朗上口的语言介绍白茶，像诗歌一样好听，又像山歌一样亲切。对当地人而言，福鼎白茶是大自然的无私馈赠，是时间的神妙运化，更是祖祖辈辈智慧的传承。

清代福鼎先民从绿雪芽原始母株引种，成功培育了福鼎大白和福鼎大毫两个品种。经过长期探索，福鼎茶人逐渐探索出独特的白茶种植和加工技艺。福鼎白茶与其他茶种最大的不同在于，它既讲古法，又靠天成，其中蕴含着人与自然和谐相处的智慧。这种智慧充分体现在福鼎白茶的采摘选材、加工制作和贮存工艺中。

福鼎白茶尤重选材，有经验的茶人往往会选择 30 多年的老茶树，摘取颜色草青、肥壮粗厚的叶芽。白毫银针取肥壮单芽，白牡丹取一芽一叶或二叶，贡眉和寿眉则取一芽二三叶。寿眉、贡眉、白牡丹和白毫银针的主

福鼎白茶发源地点头镇茶园秋色（尤才彬 / 供图）

要区别就是含芽叶比例不同，白毫银针完全是新芽，寿眉、贡眉的成熟叶张更多，因此冲泡出来的茶汤颜色、口感都有区别。

福鼎白茶加工沿用古法，自然萎凋，不炒不揉，文火足干，充分利用温度和阳光，以适度的自然氧化保留丰富的活性酶和多酚类物质，使得福鼎白茶具有抗炎清火、保护肝脏等效果和素雅清幽的口味。

明代田艺蘅《煮泉小品》载："茶者以火作者为次，

⌐ 从左至右分别为白牡丹、白毫银针、寿眉（福鼎市茶产业发展中心 / 供图）↑

⌐ 福鼎白茶利用日晒进行自然萎凋（福鼎市委宣传部 / 供图）↓

生晒者为上，亦近自然……生晒茶沦于瓯中，则旗枪舒畅，青翠鲜明，尤为可爱。"上述文字被认为是白茶采摘、制作雏形的论述。其中"生晒"指的就是白毫银针的自然萎凋技艺。现代科学研究表明，白茶的萎凋并不是单纯的鲜叶失水，而是通过时间与温度的把控带来叶芽细胞液浓度、细胞膜透性的改变及各种酶的激活，引起一系列内在成分的变化，从而形成白茶特有的品质。

对于白茶来说，储存的过程也是利用时间的力量进行加工的过程。当年白茶毫香显，滋味鲜醇，陈年白茶则会形成特有的"毫香蜜韵"。随着年份增加，陈茶绿色逐渐减少，黄色和褐色逐渐增加；香气方面呈现清花香、毫香和青气

└ 老寿眉的汤色为琥珀色，并呈现柔滑挂杯的特征（福鼎市茶产业发展中心／供图）

不断减弱，陈香、枣香、甜香与蜜香不断增加的变化趋势；滋味方面则是鲜度和青度逐渐降低，醇度、甜度和陈度逐渐升高。

陈年白茶还有药用保健价值，福鼎民间"一年茶，三年药，七年宝"的说法就是福鼎白茶这一特点的集中体现。晚清以来，北京同仁堂每年购 50 斤陈年白茶用以配药。

白茶压饼车间（福鼎市委宣传部／供图）

中国工程院院士刘仲华和他的科研团队在 2011 年做过一项研究，从化学物质组学、细胞生物学和分子生物学水平上分析了白茶抗衰、抗炎、降脂、降糖、调控尿酸、保护肝脏、抵御病毒等保健养生功效及其科学依据。研究成果显示，陈年白茶在抗炎症、降血糖、修复酒精肝损伤和调理肠胃等功能上比新产白茶具有更好的效果。

全球食品化学权威期刊《农业与食品化学》（*Journal of Agricultural and Food Chemistry*）2018 年第 66 期刊发了中国农业科学院林智团队研究成果，文中显示该团队在年份福鼎白茶中发现的 7 种新化合物 EPFS 成分（学界称为"老白茶酮"）具有抗心血管疾病和预防、治疗糖尿病作用。且这些 EPFS 成分在白茶中的含量是其他茶类的百倍，并随着白茶年份增加而呈线性增长。

值得一提的是，因白茶散茶运输储存不便，从 20 世纪 60 年代起，福鼎茶人尝试将白茶紧压，制成茶饼。人们发现紧压白茶在烘焙过程和存储过程会发生美拉德反应以及非酶促氧化，使其呈现各种不同的口感、香气和汤色，所以即使现在运输和储存技术更新换代，圆润可爱的白茶茶饼也深受消费者的喜爱。

这种高度利用自身禀赋、天然能源和时间效应的生产方式，促成了白茶在口感上产生许多变化，是福鼎白茶最有魅力的特征之一。

2008 年，福鼎白茶被原国家质量监督检验检疫总局正式公布为国家地理标志保护产品。2011 年，白茶制作技艺（福鼎白茶制作技艺）被列入国家级非物质文化遗产保护名录。

□ 梅山派的传承坚守

福鼎白茶制作技艺传承者众多，目前脉络清晰的一派是福鼎市点头镇柏柳村的梅山派。梅山派发衍始于梅氏，首创者是梅氏第 33 世梅伯珍（1875—1947），他以种植、制作、经营白茶起家，终身研制茶叶。

20 世纪 30 年代，梅伯珍在福州设立两处会馆，商号"恒春祥"。他为福鼎白茶、白琳工夫、茉莉花茶加工工艺研制立下大功，还将闻名遐迩的福鼎白茶白毫银针和白琳工夫红茶运销我国香港地区和东南亚各国。他几次亲身前往新加坡、菲律宾等国办理茶务，对福建茶业的贡献巨大、影响深远。为此，福州茶界商人尊称其为"梅伯"。

梅伯珍晚年回到柏柳，整理了自己经营茶业的手稿，结集成《筱溪陈情书》，留存至今。

梅相靖是梅伯珍的嫡孙，梅山派第三代传人，十几岁就开始学习白茶制作技艺，坚持用古法制茶。说起手工做白茶的每道工序，梅相靖如数家珍："采摘白毫银针原料茶对气候有严格要求。一般要选择晴天，尤其是东北风天气为最佳。""晾青要掌握时间，晚上晾到竹匾上，让室内通风，茶青软了以后早上拿到户外晒，要背着阳光晒，不能直晒。""银针以晒为主，以焙为辅，用竹笼木炭焙最好。"

传统烘焙法也是白茶制作的核心技术之一，凭借的是制茶师的手感和经验。六七成干的茶叶整个烘焙时长要达到20多个小时。"早晨要早起，晚上要晚睡。最忙碌的

└ 梅相靖老先生亲自传授白茶制作技艺（福鼎市委宣传部 / 供图）

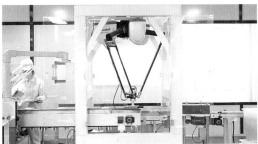

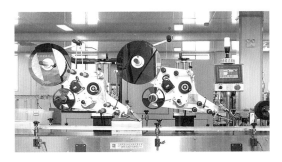

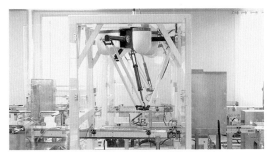

现代化白茶生产设备（福鼎市茶产业发展中心／供图）↑

就是春茶季了，要忙一个多月。"梅相靖每年会按传统的白茶制作方法制茶，大概做十几担1,000多斤。

除了做茶，梅相靖还乐于提携后辈。每年，梅老先生都会定期在村里举办福鼎白茶制作技艺传承班，将古老的制作技艺传授给慕名而来的学员们。

□ 福鼎茶人的创新探索

为了将这项非遗技艺和"优质白茶在福鼎"的美誉更好地传承下去，福鼎茶人们在种植和制作工艺上不断地探索提升。

山岚与海雾相拥、人与自然共生的优美生态是福鼎白茶卓越品质的前提条件。福鼎积极探索"茶—林—绿肥"和"茶—防护林"的复合种植方式，形成了梯壁牢固、梯层整齐、水土保持良好的生态茶园模式。有的茶园还采用点状种植、大树留养等种植方式，使得茶叶抗霜冻能力强、品质好，冲泡之后更具香气、更具甜感。

为了摆脱传统福鼎白茶萎凋靠天吃饭的制约，茶人们还研发了LED光

福鼎天湖山茶场（陈萍／供图）

源萎凋复合式白茶自动化生产线，使福鼎白茶的生产制作不再受气候因素影响，提高了福鼎白茶的产量。当地还建立了大数据溯源平台，从产地源头抓起，全面推行原产地福鼎白茶赋码销售，实行福鼎年份白茶等级评定溯源赋码、规范贴标的销售管理，让每一片茶叶有据可循、有据可查。

"把新技术和老工艺结合起来，让我们的福鼎白茶更上一层楼。这些技艺不光传给我的孩子，有兴趣、肯吃苦耐劳的都可以传承这个非物质文化遗产，让我们福鼎白茶发扬光大，一代一代地传下去。"梅相靖说。

作　　者：王良伟　张志良　蔡雪玲

德化陶瓷：

千秋绝色　薪火不息

拾叁

　　福建省泉州市德化县以烧制白釉瓷器闻名于世，是中国陶瓷文化的发祥地之一。洁白透明的胎体、温柔雅静的釉色及流畅的造型，使德化瓷器成为中国工艺美术史中的瑰宝，享有"中国白""中国瓷器之上品"等盛誉。

「中国陶瓷艺术大师苏献忠创作的金砖国家领导人厦门会晤国礼作品《五音和鸣》（德化县融媒体中心／供图）

德化地处"闽中屋脊"戴云山脉腹地，高岭土质优量多。据民国《德化县志》记载："观音崎，一名白泥崎。碧象岩在其巅，全山数里皆瓷土，邑名瓷多产于此。"

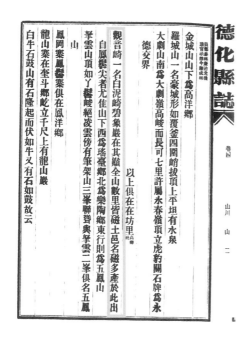

新石器时代，德化先民便开始制作硬陶和印纹陶，到夏商时期，已出现原始青瓷。发现于德化县三班镇辽田尖山的原始青瓷窑址，历经 3,700 多年，窑体结构依然清晰。

晚唐五代时期，德化地区的制瓷业已粗具规模，工匠们已经能够使用当地品质优良的高岭土烧制出青瓷。德化有史以来记载最早的陶瓷烧制工艺研究家颜化彩编纂了世界第一部完整的陶瓷专著《陶业法》，绘制了世界第一幅陶瓷工厂规划设计图《梅岭图》。

至宋代，德化开始生产青白瓷和白瓷，其白瓷制作工艺已相当精湛，可与北方定窑白瓷相媲美，被称为"南白定"。

┌《德化县志》对德化瓷土的记载（德化县党史和方志室／供图）

宋绍圣元年（1094），德化制瓷人林炳利用有坡度的山地，将多个窑房顺着地势串联起来，大大提高了热能利用率，降低了成本。这种窑型被称为"龙窑"。后来，

日本的制瓷人加藤四郎前来德化学艺，并将当地的窑炉烧造技术带回日本，林炳在日本被奉为"陶祖神"。

宋元时期，随着泉州港的兴盛、海外贸易的快速发展，德化瓷器成为海上丝绸之路的重要商品，畅销海外。"南海Ⅰ号"沉船出水的陶瓷近三分之一出自德化，器物以碗、洗、盒、罐为主。

著名旅行家马可·波罗在其游记中写道："刺桐城（泉州）附近有一别城，名称迪云州（德化），制造碗及瓷器，既多且美。"他还使用亚里士多德时代表示贝壳的单词porcelain来命名德化瓷器，因为它们就像贝壳般洁白通

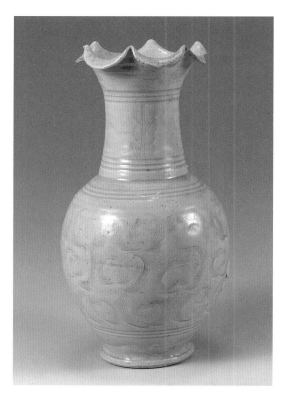

┌ 德化县三班镇辽田尖古窑址出土的陶兽（连江水／摄）←（上）
┌ 唐青釉双耳罐、唐青釉敛口碗（郑永集／摄）←（中）
┌ 宋青白釉划花荷口瓶（郑永集／摄）←（下）

┌ 1976年德化龙浔镇宝美村破寨山考古发掘的屈斗宫窑是分室龙窑的窑炉结构（成冬冬／摄）（上）
┌ "南海I号"沉船出水的德化白瓷（连江水／摄）（中）
┌ 明白釉狮钮印章（郑永集／摄）（下）

透。后来，马可·波罗成为德化白瓷传入欧洲的关键人物。

明清时期，德化瓷器因瓷塑人物的独特技艺而声誉日隆。尤其在明朝中期之后，德化白瓷代表了当时白瓷制作的最高水平，成为外销瓷中的一个重要品种。在欧洲，德化白瓷被称为"中国白"，中国风的杯、炉、盖盒、壶、笔筒等器具一度风靡欧洲市场，形成了供不应求的局面。

到清代，德化窑业已臻至全盛。清代"泰兴号"沉船中发现了35万件德化青花瓷器，可见其生产外销的活跃。

□ **一脉相承　薪传不息**

在德化瓷烧制技术日益成熟的基础上，瓷雕艺术开始繁荣兴盛起来，明代就已涌现出以何朝宗、林朝景、陈伟、张寿山等为代表的一批瓷艺大师。

其中，何朝宗被尊称为"瓷圣"。他所塑造的各种造像既发扬

传统雕塑传神写意的长处，既能微妙地表现人物的内心世界，又着重于外表衣纹的刻画。其线条清晰、简洁、潇洒，多变化，柔媚流畅，翻转自然，圆劲有力。其塑造的形象既有共同特征，又有不同个性，形神兼备，富有艺术魅力。

中华人民共和国成立后，德化陶瓷业获得新生。这一时期的创作多表现领袖人物、民兵活动、知识青年上山下乡、民族人物、现代生活等题材，《青春》《和平万岁》《丰收》3件瓷塑是其中的典型代表。

改革开放以来，德化陶瓷发展迅猛，逐渐形成了大师艺术瓷、日用家居瓷、出口工艺瓷三足鼎立的产业格

福建省博物院藏明代何朝宗塑文昌造像（叶志向／供图）

苏勤明作品《青春》（郑永集／摄）

苏勤明作品《和平万岁》（郑永集／摄）

局。在经历了以电代柴、天然气烧瓷、微波烧瓷三次能源革命后，德化陶瓷业进入了崭新的发展阶段。

许瑞峰是德化许氏瓷塑当代主要代表人物之一，也是中国陶瓷艺术大师、国家级非物质文化遗产德化瓷烧制技艺代表性传承人。

1994 年，许瑞峰创立了德化德艺瓷雕研究所，潜心研究德化瓷配方与烧制技术的改革。2001 年，他成功研制出被称为"中华红"的红釉瓷和宝石般熠熠夺目的"宝石釉"瓷，改变了德化瓷千百年来以白为特色的状况。

2007 年，许瑞峰的独创之作《玄》出世。该作品采用螺旋状线式结构，好似一根弹簧构成了一个造型完美的瓶器，轻松地突破了瓷泥成型和陶瓷烧制两大极限。

此后，他又独创了许氏实心瓷塑技艺。实心瓷塑因整个瓷体无掏空全实心，在烧制上难度极大，且十分考验耐心，雕好坯体后，还需花上三四个月时间等它自然风干；此后还要烧制十多次。经过反复实验、屡败屡战，以许瑞峰为代表的艺术家成功烧制出高达 100 厘米的全

实心瓷塑，填补了世界陶瓷史空白。

经几代人的努力，如今许氏瓷塑在继承山湖祖雕塑风格基础上，融入德化何派瓷塑特点，形成了人物形体饱满、局部精细、开脸爽朗、线条飘逸的艺术风格。

许瑞峰父子在创作作品（德化县融媒体中心／供图）

许氏瓷塑的传承故事也成为德化瓷烧制技艺薪传不息的一个缩影。

□ 花开满园　各有千秋

正是因为众多陶瓷大师、工匠和企业家默默耕耘、开拓进取，德化陶瓷大观园里呈现出一派日新月异、异彩纷呈、欣欣向荣的胜景。

2006年，德化瓷烧制技艺被列入首批国家级非物质文化遗产保护名录。2015年5月，联合国世界手工艺理事会授予德化"世界陶瓷之都"称号。2021年7月，德化窑址（屈斗宫窑、尾林—内坂窑）作为"泉州：宋元中国的世界海洋商贸中心"重要的遗产点之一被列入世界遗产名录。

目前，德化县拥有省级以上工艺美术大师、名人等共467人。其中，中国工艺美术大师4人，中国陶瓷艺术大师9人，中国陶瓷艺术、设计、教育终身成就奖获

中国陶瓷艺术大师、国家级非物质文化遗产德化瓷烧制技艺项目代表性传承人邱双炯作品《升平舞》（郑永集／摄）

中国工艺美术大师、中国陶瓷艺术大师柯宏荣作品《天鹅湖》（郑永集 / 摄）

得者 2 人，中国陶瓷艺术终身成就奖获得者 1 人，中国工艺美术行业艺术大师 2 人，享受国务院政府特殊津贴专家 6 人，从业人员 10 多万。他们对德化陶瓷业的发展作出了巨大的贡献。

老一辈艺术大师邱双炯推广电代柴烧制技术，实现了产业发展与环境保护的双赢。此外，他与苏玉峰两人对薄胎雕塑技艺作出重大贡献，冰冷的陶瓷人物在他们的手里纤毫毕现，栩栩如生。

中生代陶瓷艺术大师是德化瓷雕的中坚力量，陈明良、赖礼同、寇富平、林建胜等人醉心于还原明代"中国白"材质与风韵，塑造出一件又一件精美绝伦的艺术佳品。柯宏荣、苏献忠等人，在传统雕塑的基础上，主动引入现当代雕塑理念，让德化瓷在雕塑对象及表现主题上有了更多可能性。

一批新生代陶瓷艺术大师则努力突破材料对德化瓷塑艺术的限制，创造出带有个人风格印记的艺术作品。陈明华在继承传统的基础上，将通花雕的技艺推上一个新境界。连紫华则借鉴唐卡等其他艺术门类的表现方法，创造出一种新的德化瓷品种——极彩，为德化雕塑锦上添花。

陶瓷厂家的科研攻关是德化瓷烧制技艺突破的重要力量。有的研制出作画用瓷板，所制作的超薄瓷板可挥毫泼墨，渲染出宣纸效果，丰富了艺术的表现形式；有的致力于耐热釉的研发，所生产的金刚煲可用于明火干

┌ 谭江宁瓷板画作品《雪域别
园》（德化县忆加美术馆／供图）

烧炒菜，在陶瓷应用领域进一步拓展……

亘古流传的烧制技艺指挥着火与土的共舞，常燃不息的熊熊窑火折射出闽人的文化和底蕴。一撮故乡的泥土，遇上匠心和智慧，历经捣炼煅烧，成就千秋绝色，续写白瓷传奇。

作　　者：赵　勇　连江水

建窑建盏：
建州黑玉瓷　瓯盏汇星河

拾肆

　　建窑建盏，釉色绀黑、纯正，又在黑色釉面的基础上生出无穷的花色变化，且斑纹为自然形成，有巧夺天工、震撼人心之美。同一种釉、同一座窑口烧出的建盏，都会产生各种意想不到的变化，有"入窑一色，出窑万彩"的说法。

　　这样的美不仅在黑釉瓷领域独领风骚，在海内外陶瓷史上，也是浓墨重彩的一笔。美国密歇根州立大学教授詹姆士·马歇尔·普拉玛称，建盏是"China's great yet humble ware"（中国伟大却又含蓄的器物）。

宋代建窑遗址（郑友裕／摄）

☐ 宋代名器，天赐的幻变之美

建盏因产自古代建州（今福建省南平市）而得名。建州窑是我国古代著名的窑场之一，创烧于晚唐五代时期。早期产品为青瓷，五代末期至北宋初期开始烧制黑瓷，两宋时期达到鼎盛，成为中国著名的黑瓷生产基地，至元代趋于衰落。

建窑产品有青瓷、青白瓷和黑瓷三大类。其中黑瓷器型以碗为主，俗称"建盏"，为建窑最具代表性的产品。此外，兼有少量灯盏、钵、高足杯、罐、瓶等。

宋代时中国盛行点茶，即将茶饼碾罗成末，调膏于

 宋代建窑乌金玉壶春瓶（陈琦辉／摄）

盏中，用沸水冲点击拂，好的茶末颜色发白，宜用黑盏。宋人兴之所至时斗茶，比试技巧，此时黑釉茶盏的优势更是显著，可以衬托出茶汤之白，便于观茶色、验水痕。因此，建盏成为宋代最上乘的斗茶茶具，影响了一代茶风。精通茶道的宋徽宗将其用于御前赐茶，还亲自撰写了《大观茶论》，对建盏推崇不已："盏色贵青黑，玉毫条达者为上，取其燠发茶采色也。"而且建盏器型也符合宋代的尚用美学，呈斗笠式，口沿内敛，斜腹，矮圈足。此外，蔡襄《茶录》、祝穆《方舆胜览》中对建盏也有细致描述。故而建窑建盏烧制技艺对研究中国古代瓷器生产技术，中国陶瓷史、美术史，乃至宋代社会经济具有重要价值。

建盏普遍采用蘸浸法一次性施釉，釉层厚重而肥润，《格古要论》赞其"色黑而滋润"。烧制时采用正烧法，口沿釉薄，而内底釉积，外壁多施半釉，常见挂釉现象，俗称"釉泪""釉滴珠"。受窑内温度及气氛的变化等因素的影响，建盏黑釉会呈现出绚烂多变的纹理，

宋代建窑乌金束口盏（陈琦辉／摄）（上）
宋代蓝兔毫建盏残片，虽深埋地底千年，仍难掩当年的绝代风华（陈琦辉／摄）（下）

┌ 宋建窑黑釉油滴瓷
盏（南平市建阳区博物
馆／供图）

实际上是如云似雾的结晶体，其中最具代表性的釉色有乌金、兔毫、油滴、鹧鸪斑和曜变等，此外还有杂色（柿红、酱釉、铁锈斑等）。宋徽宗御笔定论的上品兔毫需要达到"盏色青黑、玉毫条达"的标准。要烧制这样的兔毫，单凭人力不可得，需有天时、地利、人和方能烧成。

烧成油滴盏的温度范围又比兔毫盏要狭窄，精品油滴盏更为罕见。所有釉色中最珍贵的当属曜变，完整存世的仅3件，均流落日本，被奉为国宝。最为知名的是东京静嘉堂文库美术馆所藏曜变建盏（又名"稻叶天目"），实物带有蓝色辉光，随着周围光线的变化，光环会呈现不同色彩，神异瑰奇得不似人间之物，被日本人比喻为"碗中宇宙"。

而作为建盏产地的中国仅存"半只"曜变建盏。2009年，有工人在杭州市上城区原东南化工厂厂址的施工工地上挖出了一些奇怪的残片，残片散发着一种耀眼的蓝色彩光，就连工人们也觉得它们绝非凡物。这些残片最终组合成的残盏存于杭州古越会馆。该盏呈曜变釉面，黑色斑核三五成群，散落于盏中，每个斑核都有七彩光晕。在光的照耀下，华光如梦如幻、变化万千。中国和日本许多顶尖的古陶瓷学者、博物馆专家看过后一致赞叹，公认它可与日本静嘉堂文库美术馆收藏的那只

"稻叶天目"媲美。

建窑自元代衰落，终至停烧。此后，它在历史的长河中尘封了六七百年。很长一段时间里，无数专家、学者及游客前来建阳寻幽探秘，探究尘封的窑址和古文化的魅力，却只能唏嘘感叹。

1979 年，中央工艺美术学院（现清华大学美术学院）、福建省轻工业研究所、建阳瓷厂等单位的专家、学者及技术人员组成攻关小组，多次进行仿古建盏烧制试验，终于在 1981 年获得成功并通过鉴定。此后，建盏烧制技艺逐渐恢复并发展。

□ 不忘初心，大师的成长之路

熊忠贵出生于建盏发源地水吉镇，祖辈数代人从事陶作行业。熊忠贵 15 岁即随父学艺，经常得到父亲好友、中国陶艺大师苏清河的传授和指导。有了良好的师承条件以及前辈的教导，凭着对家乡黑釉建盏的痴迷和执着，经历了 10 年的基础学习和反复实践，勤奋又具有

陶作天分的熊忠贵，以电炉自行摸索，于1980年9月成功烧出了断代近800年的黑釉建盏。

但熊忠贵并没有停下脚步，立志要用自己最擅长的龙窑技术，使用最标准的建盏泥料，沿用最传统的工艺去还原宋代的黑釉建盏。他用宋代建盏制作工艺重新点燃了老龙窑的柴火。

依靠柴窑，偶然性大，成品率非常低，除了大量烧制的黑釉、兔毫及个别鹧鸪斑，其他技术并不成熟。

┌ 熊忠贵作品乌金斗笠盏（陈琦辉／摄）↑
┌ 熊忠贵建于20世纪60年代的老龙窑（陈琦辉／摄）↓

　　熊师傅的龙窑柴烧与宋代工艺一样，用 1,300℃ 的高温烧制，一般一窑装入四五千只胚体，开窑出来只能得两百来只成品，斑纹不一。每烧一窑，从装窑到出窑，历时半个多月，耗时耗工、成本投入巨大不说，单是每次开窑看到四五千只盏无一可用时的绝望感就能压得人喘不过气来。熊忠贵曾经连烧了 7 窑，一只成品也没有。如果不是因为热爱建盏，心怀文化传承的使命感，一般人难以坚持。

　　就这样，熊忠贵怀揣着对传统技艺的不变初心，不断摸索，不断思考，坚持下来，终于掌握了龙窑烧制技艺。与龙窑相伴半生，熊忠贵亲手烧制的建盏总是华美、

┌1 熊忠贵作品青黑银兔毫撇口盏（陈琦辉／摄）

┌2 严柳煌作品窑变银毫盏（陈琦辉／摄）

┌3 张政作品窑变鹧鸪斑盏（陈琦辉／摄）

1	2
3	

厚重，生动再现了宋代先辈的智慧光华。2008 年，日本陶艺大师林恭助不远千里来到水吉，与熊忠贵探讨切磋。

2011 年，建窑建盏烧制技艺被列入第三批国家级非物质文化遗产代表性项目名录。

如今，新一代建窑建盏烧制技艺的传承者们正在成长。同熊忠贵一样，他们对于技艺的追求不会止步，立志有一天能用龙窑再现宋代那璀璨夺目的曜变天目盏。

作　　者：陈建新

长泰古琴：

斫陈弦新　琴声千年

　　福建漳州天柱山脚下有个村子，村里住着一群
"新农民"，他们之中有艺术家、文化学者，也有企业
家。这个村子就是漳州长泰龙人古琴文化村。这群
"新农民"斫琴会友，传播中华优秀传统文化。他们切
磋、研究、制作的是中国最古老的弹弦乐器之一——
古琴。

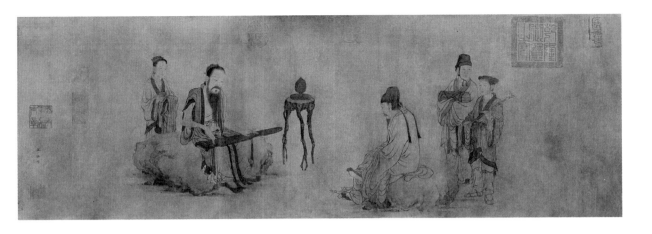

□ 千年古邑　琴声不绝

古琴又称"瑶琴""七弦琴"。据史料记载，古琴的出现不晚于尧舜时期，距今已有 3,000 多年历史。古琴位列"琴棋书画"四艺之首，是中国传统音乐文化中的瑰宝，自古被认为是"贯众乐之长，统大雅之尊""圣人治世之音，君子养修之物"。君子之座，必左琴而右书。孔子、蔡邕、嵇康、欧阳修、苏轼和福建的苏颂、朱熹、李贽、黄道周等先贤都善琴通乐。

漳州自古琴风兴盛，古琴元素常见于古民居、宫庙、宗祠的壁画、栏杆、石墙上，很多历史文化名人也与古琴有着千丝万缕的联系。北宋宣和年间（1119—1125），漳州林虚极以琴科高中，并"引御奏琴称赏"。朱熹任漳州知州期间，更是将琴学视为教导民众的重要手段，使得漳州"家弦户诵之声不绝于耳"。朱熹还撰写了《琴律说》，这是重要的琴学理论著作。"闽海才子"黄道周和在漳州屯兵十六载的郑成功，也都是操琴高手。

└ 长泰龙人古琴文化村（漳州市长泰区融媒体中心 / 供图）

千年古邑长泰区自古极重琴艺教化。据《长泰县志》记载，宋代时，邑令黄孟永视事长泰初年，于县治之东偏整饬房馆数间，请匾"琴堂"，并撰《琴堂记》云："琴之为物，体备阴阳之和，音函宫祉之淳。昔之人鼓一再行，民风世俗不掩辰而变。"阐释了琴音对于民风世治的影响。《长泰县志》中还记载了与琴室留存、琴器介绍、典礼乐谱等有关的资料，无不体现古琴文化在长泰的发展与影响。

进入近现代，受各种外来文化和现代生活方式影响，古琴兴趣爱好者变成小众群体，传播日渐式微，竟成为一种濒危的文化。2003 年，中国古琴艺术被联合国教科文组织列入世界第二批人类口头和非物质遗产代表作。2006 年，古琴艺术被列入第一批国家级非物质文化遗产名录。

近年来，漳州各级党委、政府加强对优秀传统文化和非物质文化遗产的传承与保护，古琴及斫琴技艺复苏并逐渐繁荣。

□ 琴艺相生　斫陈弦新

艺因琴而生，琴因艺而传。古琴文化艺术的兴盛，

离不开斫琴技艺的传承。

从古至今，大量琴书著作中都有着对斫琴技艺的记载，从材料的炮制方法到施材配料、秘旨配方，再到琴体布局、比例等的设计规范，均有翔实记录。据统计，古代流传下来的古琴形制样式有51种之多，斫制流程包括12个环节100多个步骤，每一道工序都要靠手工制作完成，并根据实际情况进行调整，斫琴之复杂可见一斑。

比如，斫琴首重选材。桐木和杉木的木质松透，利于声音的共振，都是首选的制琴木材。东汉蔡邕听见火堆中的桐木烧裂之声，觉得那块正在被烧的桐木是造琴

选材（漳州市长泰区融媒体中心／供图）

的好料，便从火中抢下，制成名琴"焦尾琴"。这个故事是古琴重材的例证。

但是，过去所制古琴常有琴体变形、开裂等意外情况。即便到了当代，在气候条件发生变化时，古琴依旧会出现变形、开裂的问题。

得益于早年从事木材研究工作，在继承制作古琴古法工艺的同时，福建省非物质文化遗产代表性

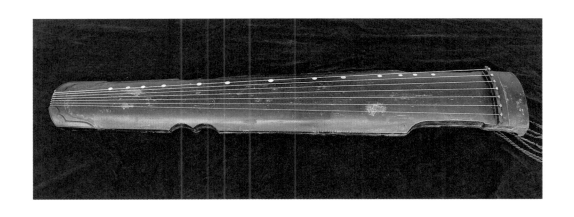

项目古琴制作技艺（长泰）代表性传承人谢建东，将木材改性技术应用于古琴制作，花费了4年的时间，改良琴材的品质，以提高琴面稳定性、耐腐性和耐气候变化性。

┌ 槽腹制作（漳州市长泰区融媒体中心／供图）↖

┌ 髹涂（漳州市长泰区融媒体中心／供图）←

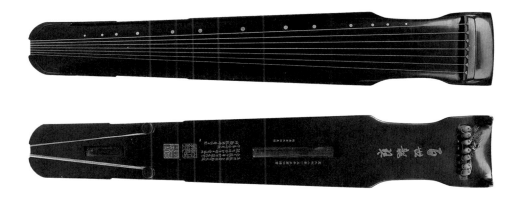

　　槽腹制作是制作古琴的核心工序，很大程度上决定一床琴的音色品质。这也是最考验斫琴师经验与技术的环节。"槽腹没有绝对标准，需要根据不同的面板材料，设计相应的结构，之后再配以合适的底板，这样才能确保琴声纯正。"谢建东说。

　　好的古琴之所以能够保存上千年，除了选材，髹漆也是关键。谢建东说，古琴使用的是天然生漆，耐腐、耐磨、隔水、绝缘，对人体无毒无害。古琴底胎的制作需要十几道工序，"我们在古琴木胎完成后，将琴体涂上由生漆与鹿角霜调和而成的灰胎，进行由粗到细、反复多道的髹涂，整个工艺下来要耗费近两年的时间。"

　　上弦是斫制工艺的最后一步。《长泰县志》载，琴弦"今只用白色柘丝为上，原蚕次之"。但用丝做琴弦，其音虽古朴，却容易受环境影响而跑音，不耐用。

　　近现代以来，传统丝弦逐渐被钢丝弦替代，更耐用，但其余韵腻长且带有金属声，失去了古朴韵味。

　┌　以高强度合成纤维
丝、真丝及尼龙丝制作
而成的龙人冰弦（漳州
市长泰区融媒体中心 /
供图）

为了让古琴能配上好的琴弦，谢建东组织众多学者、琴家和相关技术人员共同研发出龙人冰弦。龙人冰弦以高强度合成纤维丝、真丝及尼龙丝制作而成，不仅弥补了丝弦、钢弦的不足，而且具备丝弦的古朴音色。这一创新获得国家发明专利，受到业内盛赞。

2017 年，古琴制作技艺（长泰）被列入福建省非物质文化遗产代表性项目名录。

□　**时代新貌　推陈出新**

2022 年文化和自然遗产日前后，来自漳州第一中学、漳州市第三中学、漳州高新职业技术学校和广州市第九十七中学等学校的师生，在龙人古琴文化村开展各种蒙学、研学、教学活动。组织这样的活动，谢建东已经坚持了十年。

"福建古琴有着深厚的文化底蕴，在不同的历史时期出现各领风骚的局面。如何让古琴在当下得到更好的传承发展？这是我们孜孜以求的方向。"怀着"为古琴安个家"的梦想，2010 年，谢建东在长泰国家森林公

┌ "龙人琴韵"古琴
名家音乐会（漳州市
长泰区融媒体中心 / 供
图）→（上）
┌ 龙人古琴文化村的
琴师在研习琴艺（张碧
辉 / 摄）→（下）

园天柱山脚下建起了龙人古琴文化村，一群志同道合的
琴人在这里开始了斫琴技艺的传承创新和古琴文化传播
的新探索。

　　漳州市长泰区从古琴制作、琴学研究、高校合作、
非遗传承、艺术传播、海内外文化交流等方面开展古琴

┌ 长泰古琴代表中国传统音乐艺术参加第42届世界博览会（漳州市长泰区融媒体中心／供图）

文化的传承与弘扬工作，支持龙人古琴文化村打造全国古琴文化交流基地。

在这里先后举办了11届龙人古琴文化季活动以及海峡两岸古琴文化文创大赛等，促进了海峡两岸的文化交流。

2015年，长泰古琴代表中国传统音乐艺术参加在意大利米兰举办的第42届世界博览会；2022年，谢建东的三床古琴作品被中国工艺美术馆、中国非物质文化遗产馆收藏；2022年，漳州市龙人艺文职业技术学校获准成立，职业教育为古琴文化传承提供了坚实保障。

以琴为介，逍遥游心。古琴美在形制，美在音色，更美在意境，一弦一音都承载着文化的精神与内涵。"越来越多的人因此认识古琴文化，并开始学习古琴。"谢建东说，"国家对传统文化越来越重视，让我们更有信心把古琴文化一代代传承下去。"

作　　者：张碧辉　梁家诚　黄志禄

福州脱胎漆器：
玲珑生万物 一漆一世界

福州脱胎漆器是在继承中国古代优秀漆文化的基础上发展而来的，与北京景泰蓝、江西景德镇瓷器并称中国传统工艺品"三宝"。

沈绍安兰记款 金漆彩绘山水人物长颈瓶 （陈靖／供图）

□ 闻名已久的福州脱胎漆器

清乾隆年间，福州漆匠沈绍安在一座寺庙里发现大门的匾额虽然木头已经朽烂，但是漆灰夏布裱褙的底坯却完好无损。细心的沈绍安从中得到启发，回家后不断琢磨试验，还原了失传已久的汉代夹纻技法，并在手法、材料上有所创新，独创了脱胎技艺。自沈绍安开始，福州脱胎漆器髹饰技艺历经传承，巧匠辈出，逐渐誉满天下。

"精巧叹加工，玲珑生万物。或细等毫芒，或巨逾丘壑。举之一羽轻，视之九鼎兀。繁花着手春，硕果随意悦。天下谅无双，人间疑独绝。"郭沫若的诗句道出了福州脱胎漆器的艺术之美。它的品类之多在全国漆器行业首屈一指，大的如陈列在人民大会堂的漆画大屏风、彩绘大花瓶、脱胎仿古铜大狮等，小的如烟具、茶具、餐碗、盘、碟、罐等，共有 18 类 1,200 多个花色品种。它质地坚固、轻巧，造型别致，形态万千，且装饰技法丰富多样，色彩明丽和谐，可谓集众美于一体，具有非凡的艺术魅力。

1898 年，福州脱胎漆器作品参加在巴黎举办的世界博览会并获金牌，从此在国际工艺美术界崭露头角。此后，在 1911 年德国德累斯顿万国卫生博览会、1911 年意大利都灵博览会、1915 年巴拿马万国博览会及 1934 年美国芝加哥世界博览会上，福州脱胎漆器均获殊荣。

┌ 大漆，蕴天地之灵气，演绎着涅槃重生的华彩乐章（陈伟凯／摄）

2006 年，福州脱胎漆器髹饰技艺被列入第一批国家级非物质文化遗产代表性项目名录。

□ 孜孜不倦的漆艺传承人

福州传统脱胎漆器髹饰技法有近 10 种，是 200 多年来一代代工匠大师传承、创新和发展的结果。每个匠心独运的艺人在他们的漆艺实践中都有自己的绝活，有或大或小的独特创造。正因为如此，福州脱胎漆器文化才能如不断有支流汇入的江河，滚滚向前，日益壮大。以

闪光技法为例，从艺 50 多年的孙曼亭在熟练掌握赤宝闪光、釉变、台花、印锦等传统经典技法的基础上，以智慧和情怀续写福州脱胎漆器髹饰技艺的新篇。

创新绿宝闪光技法，就是孙曼亭在传统技法基础上的大胆突破。绿宝闪光技法又称"荷叶赤宝砂技法"，最初沿用著名脱胎漆器大师李芝卿先生的做法，即把枯荷叶撕成碎末，均匀地粘在湿漆面上，待漆面干后刮掉枯叶，再用松节油清理，漆面便显现出自然美丽的纹样。

为寻求突破，孙曼亭花了两年多的时间，用各种材料反复试验，最后改用丝瓜络做工具，做出来有高、中、低凹度肌理的纹样。在这样的漆面纹样肌理上贴上银箔，罩上透明绿漆，打磨推光，胎体即现出瑰丽的色泽，犹如深邃晶莹的绿宝石。这一技法的难度在于漆面不能磨

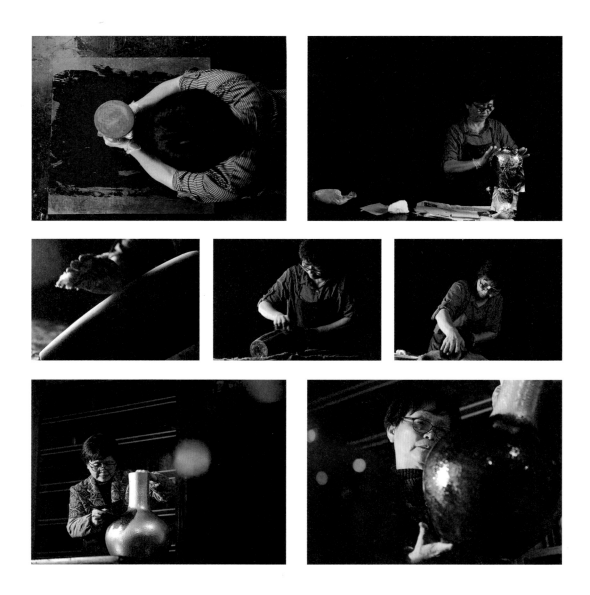

┌ 1—6 碾磨、贴银箔、蘸细灰推光、打磨、推光、罩透明绿漆（陈伟凯／摄）
┌ 7 斑斓富丽，巧夺天工（陈伟凯／摄）

破，纹样肌理藏在漆层底下的同时又要通过折射显现出高、中、低的层次效果，故而要求工匠技艺精湛、工序环环相扣。在 2016 中国当代工艺美术双年展上，孙曼亭的《绿宝闪光胆式瓶》脱胎漆器广受好评，被中国工艺美术馆收藏。

福州脱胎漆器虽名满天下，但制作技艺口口相传的多，文字记述传承的极少，一些技艺几近失传。孙曼亭目睹漆艺界老匠人渐渐离去，强烈意识到用文字记录福州漆艺衍变历史刻不容缓。在倾心创作漆器作品的同时，她开始致力于寻找、搜集、记录福州漆艺发展的历史资料、技法工艺、材料配方，编写了《福州脱胎漆器与漆画》《〈髹饰录〉工艺解读》等论著。"用文字的形式将漆

艺的史料记载下来是我的使命，只是我没能力再收学生了。"孙曼亭说。

"路曼曼其修远兮，吾将上下而求索。"福州漆艺人以坚守与创新，守望着闽人漆器技艺的高地。

作　　者：陈伟凯

福安畲银：

畲乡看畲银 万錾见真情

拾柒

"小锤敲过数千年，无字传承几度秋。"福建畲族，是一个只有语言没有文字的民族。为了记载文化发展历史，除了口口相传，他们还选择在银器上雕刻符号，将民族的文明一刀刀地錾刻进手边的银器里。他们自古以银饰为美，崇尚银器所承载的吉祥寓意，通过银雕艺术把美好的信仰代代传承。无论是在婴儿出生、婚丧嫁娶等人生重大节点，抑或是庆祝民族传统节日时，还是在日常生活中，畲家人与银饰、银器都密不可分。

也正因为没有文字，作为传承载体的银雕纹饰符号就成为畲族银雕区别于其他银雕的一大特色。无论是具象的动植物纹饰、生产生活器具纹饰，还是抽象的图腾造型、几何纹样等，畲族银雕都能将视觉符号创造与精湛的雕刻工艺完美结合，以独具特色的方式创造出实用性与艺术性兼具的畲族银饰器物。

每代畲族人对传统银器的制作都极为重视，乃至推崇，从而不断推进畲族传统银器制作的发展。据畲族谱牒记载，唐五代时期，有钟姓畲民迁入福安。畲族自称"山哈"，在进入福安的同时，也将本民族的银器文化带入福建的一隅。随着畲族人与当地群众的相互融合，畲族银器制作工艺也打破了仅在族内传承的局限，进而广为流传。由此，畲族银器制作也进入了新的发展阶段。

清朝中叶，福安下白石人叶长青只身赴泉州，师从元代银雕巨匠朱碧山的传人。学成归来，他融合当地畲族银雕技法，开设银铺，服务畲民。其后，叶长青之孙叶三妹传承祖艺，精研求新，亲手临摹绘制各式畲、汉银雕精美图案摹本，介绍技法精髓，培养了一批批优秀的民间银雕艺人。

经过漫长岁月，在保留和传承传统银饰制作技艺的同时，畲族民众结合生产实践，对畲族银饰制作工艺进行了创新，逐渐形成了操、凿、起、解、披五大工艺精髓，共30多道手工工序。在艺术风格上，畲族银器既饱含中国传统银雕工艺中造型新巧独特、纹饰雕工细腻精美的高雅风格，又兼顾族源历史、宗教信仰、民俗生活的讲述，融入民俗文化中质朴、粗犷、神秘的色彩，具有鲜明的民族风格和浓厚的地方特色，为畲族文化的传

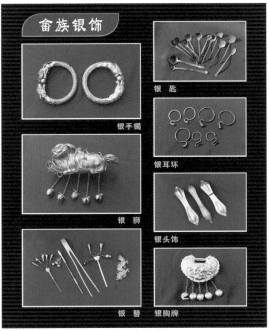

畲族银饰

银手镯

银匙

银狮

银耳环

银头饰

银簪　银胸牌

┌1 畲族头饰和凤凰冠（王福平／摄）

┌2 畲族银饰（傅熹／摄）

┌3 畲族银器制作提倡运用操、凿、起、解、披等技艺进行雕刻（李岳锋／摄）

<table>
<tr><td>1</td><td>2</td></tr>
<tr><td colspan="2">3</td></tr>
</table>

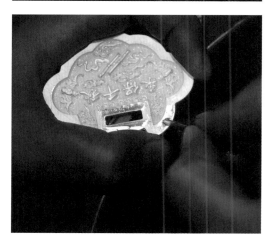

承留下了特殊物证，是研究畲族传统文化的珍贵资料，是畲族人民智慧的结晶。

2011 年 5 月，银饰锻制技艺（畲族银器制作技艺）被列入第三批国家级非物质文化遗产代表性项目名录。

□ **守正开新，匠人精神绽放时代光彩**

现为福建省省级银雕技能大师、省级技能大师工作室领办人的福安银雕艺人杨仙福，16 岁就跟随银雕大师叶三妹的孙辈叶清茂刻苦钻研打银技术，后又遍访各地银饰品制作高人，探求银雕技艺。20 多年来，他致力于福安

⌐ 畲族银器在制作过程中须先用乌梅水溶液煎刷三次以上（陈伟凯／摄）（上）
⌐ 表面处理：在明矾水溶液中煎煮，而后取出并刷洗，主要是为了防氧化、保洁亮（陈伟凯／摄）（中）
⌐ 用玛瑙刀对银器进行表面刮亮处理（陈伟凯／摄）（下）

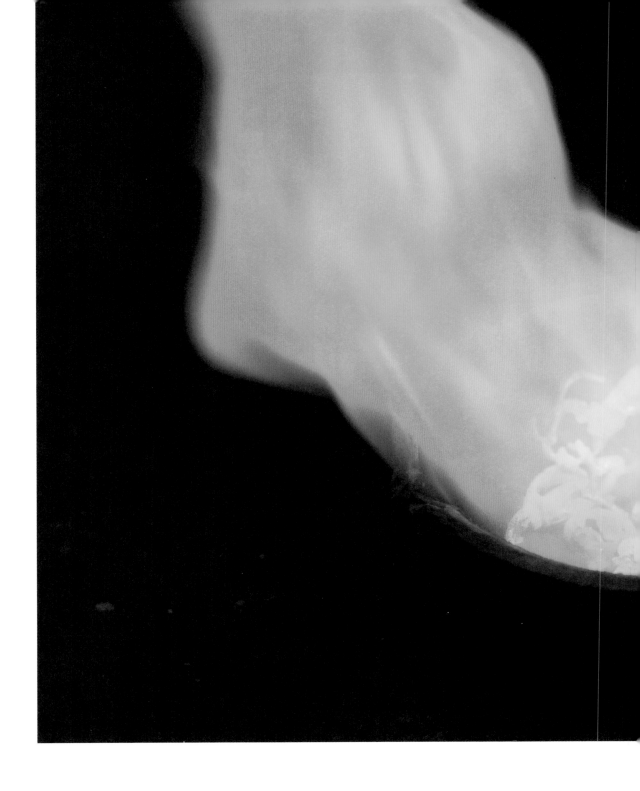

⌐ 熔银：通过加热时对温度的控制，确保熟银锭在下一阶段的打坯锤炼过程中不起毛、不脆裂，如遇到原料银特别干燥的情况，须在坩埚中加入少许盐巴（陈伟凯／摄）

畲族银雕技艺的传承与创新，日复一日地手工冲模、錾刻、掐丝、焊接……他的手指指纹逐渐被磨平了。

杨仙福既善于研究提炼，又注重博采众长，将传统银雕中的立体浮雕、透雕及编丝等技艺和畲族文化符号相融合，追求自然、淳朴而又幽远、神秘的气韵，从而在锻制、造型、纹样和工艺技术上都显示出丰富内涵，实现艺术的蜕变和升华。其创作出的银雕作品独具一格，极富畲族文化魅力。近年来，他创作的《国色天香》《魂系许仙》《喜事连连》《锦上添花》《浮雕花鸟壶》等银雕作品屡屡获奖。

纯银丝巾果盘《和美》集中展现了杨仙福的银雕技艺。该作品造型仿照中国传统的竹编果盘，金色的椭圆果盘中间盖着一条柔软的白色江南丝巾，四足则为银丝编制的中国结造型。盘体竹编纹惟妙惟肖，丝巾绒状形象逼真，宝相花图案和卷草纹图案寓意富贵吉祥、福运延绵。该作品既体现了中国传统文化特色，又以丝绸造型象征丝绸之路连通世界，也象征各经济体携手合作的共同愿望以及以和为美的共同价值理念。

┌ 杨仙福畲族银器作品《凤冠》，采用錾刻纯手工创新技艺，打破畲族传统凤冠相对单调的片状风格，呈现出立体形态，镶嵌作为畲族图腾的凤凰，同时加入畲族特有符号，从整体上展示畲族文化底蕴（杨仙福 / 供图）

纯银丝巾果盘《和美》(杨仙福 / 供图)

这一方果盘由整块银板经过千万次的纯手工錾刻制成。杨仙福以坚硬的錾子代替柔软的画笔，以力度的深浅表现轮廓与留白，巧妙地融入散点透视等中国山水画独特手法。作品采取勾、点、压、采、丝、操、凿、启、解、劈等造型技艺，把原有绘画构思中的高、侧、升、斜、转淋漓尽致地展现出来。让人惊叹的是，作品还采用极其细致的丝錾工艺做出丝巾的经纬线，利用不同的折光方向使花纹显现，打造出真实丝织品般的质地效果。丝巾细节之处的缕缕丝线和竹盘的藤条肌理纤毫毕现，既凸显出丝巾的柔软与细腻，又展现了竹盘的古朴与自然。可以说，作品《和美》不仅体现了錾刻大师杨仙福心、眼、手、力的精密配合，更展现了其较高的艺术天赋和精湛过人的技艺水平。

▲《国色天香》双层隔热提梁壶是杨仙福将传统工艺与现代理念大胆结合的创新作品（李岳锋／摄）

杨仙福还积极参与畲族银器制作技艺的保护、挖掘、传承和发展。他与徒弟们组成技能创新团队，加强技能攻关和推广，将畲族民间传统银雕技艺融入现代工艺美术产业，并参与制定《福安畲族银器标准》，着力推动福安银雕现代工艺美术产业向高质量发展。

如今，年轻的畲族银器制作者们正沿着老一辈工艺大师开拓的道路薪火相传、守正出新，不断改进和提升畲族银器制作技艺，让这项非物质文化遗产在彰显丰富民族文化内涵的同时，绽放出新时代的绚烂光彩。

作　　者：陈伟凯　林玲鸣

莆田制盐：

百味之王　千年传承

古语云："民以食为天。"中国人的饮食文化历史悠久，博大精深。"无盐不成味"，盐，称得上是"百味之王""百味之首"。

走进厨房瞧一瞧，也许福建人吃过的盐种类最齐全。其中，许多品种都来自福建的莆田盐场。

你知道 G20 杭州峰会、金砖国家领导人厦门会晤的指定用盐来自哪里吗？

——莆田盐场。

你知道在韩国美誉度很高、被韩国民众称为"福盐"的优质天日盐产自哪里吗？

——莆田盐场。

你知道福建全省最大的生态海盐生产基地在哪里吗？

——莆田盐场。

2016 年 9 月，G20 杭州峰会的举行又一次让世界眼前一亮，来自福建的莆田盐被选为会议专用盐品。莆田盐场生产的福建贡盐、天然海晶盐、福建原盐迅速在中国人的舌尖上蹿红，在食品文化圈一举成名！

作为全国盐圈里的"优等生"，莆田盐已成为许多国家级活动、顶尖国际会议的专用盐品。2022 年 1 月，福建海盐传统晒制技艺（莆田）入选福建省第七批省级非物质文化遗产代表性项目名录。

　　全国制盐基地那么多，莆田盐凭什么能成为"优等生"？这是因为莆田盐先天基因优良加上后天足够努力，才打出一手好牌！

┌ 莆田盐场生产的福建贡盐、天然海晶盐、福建原盐（许洋溢 / 摄）

七彩盐田，因海水进入蒸发池后流经初级池、中级池、高级池、结晶池时浓度各不相同而形成，从空中俯瞰，宛如大地的调色盘（陈剑伟／摄）

盐业工人在赶浑，即把已经混浊的卤水从排水口"赶"出去（陈英／摄）

◁ 盐业工人在扒盐
（曾炳麟／摄）

□ **源自古时　独家技艺**

　　作为福建省最大的生态海盐生产基地，莆田盐场所在区域海岸线总长 243 千米，方圆百里无工矿企业，很适合盐业生产。2021 年莆田盐场产量 12.77 万吨，占全省总产量的一半。其中，贡晶盐、福晶盐等 7 个产品符合绿色食品 A 级标准，被许可使用绿色食品标志。

　　莆田盐品质高，不仅是因为作为原料的天然海水中富含盐分和钾、钙、镁、锌、硒等 70 多种人体所需的微量元素，为天然生态盐生产提供了优质资源，更是因为采用了独特的传统制盐工艺。

据记载，福建海水制盐历史悠久，可追溯到秦汉时期。唐代之前，莆田百姓和其他地方的盐工一样沿用汉代牢盆煮盐法，也称"熬波"，即"编竹为盆，熬波出素"。

□ 福建自古不愁盐

宋元时期，莆田海盐的生产规模已经相当之大。宋宝庆二年（1226），监察御史梁成大言："盐产于福州、兴化，而运于建、剑、汀、邵四郡，二十二县之民食焉。"也就是说，在当时，莆田盐已经供销全省。

元朝时，据户部《盐课》记载，大德五年（1301），莆田出现日晒盐技术，即在滩涂上修建一口口盐田，把海水抽到盐田里，利用阳光曝晒成盐。由于这种技术生产出来的盐颗粒粗大，色泽似白砂，故名"结砂法"。

与煮盐相比，晒盐法节省了大量燃料和人力，但因为当时技术尚比较原始，出盐较慢，产量还没有明显优势。

不过，这一方法在当时独树一帜。明代《兴化府志·货殖志》记载："天下盐皆烹煎，独莆盐用晒法。"也就是说，晒盐法是莆田独创。

之后，莆田不断革新海盐生产技术，莆田百姓又发明了邱盘晒盐法。据弘治《兴化府志》记载，邱

┌ 明代周瑛、黄仲昭《重刊兴化府志·货殖志》关于莆田晒盐法的记载——天下盐皆烹煎，独莆盐用晒法（莆田市秀屿区委宣传部／供图）

盘就是在地面上搭建很多格子状的浅池子，池底铺上碎瓷片，如同一个个盘子。遇烈日，一人之力可晒盐200斤。此法不仅将碎瓷片废物利用，提高了盐的洁净度，还能更加充分地利用日晒能源，使制盐成本进一步降低。莆田盐产量由此跃居全省第二位。

明代后期，莆田百姓在邱盘法的基础上又发明了坎晒法制盐。此法进一步解放了人力，且晒出的盐粒细色白，成本仅为宋代盐的五分之一，年产盐量占全省产量的22%。

中华人民共和国成立后，莆田于1958年成立地方国营盐场。在时光的书页上，莆田人不断创新制盐工艺，不断进行技术革新，不断提升生产力水平。其中，结晶工艺"八字操作法"为福建盐业首创，被省内外兄弟盐场采用推广。

└ 20世纪50年代人工挖盐沟，用海泥筑海堤（黄鸿恩／摄）

┌ 早期盐业工人用
脚踏人力水车吊卤
（黄鸿恩 / 摄）

□ 千年智慧　传承创新

　　此后，在沿用千年传统古法晒制工艺的基础上，莆田人民总结、创新出一套更为科学的晒制工艺，包括建滩、修滩、纳潮、制卤、结晶和采集等主要工序。

　　戴文辉是莆田海盐传统晒制技艺的第一批传承人。他首创深挖卤井储卤方法，并总结出"三快、三分集晒法"，一般三至五个晴天就能产出盐来，比过去的生产周期缩短近一半，成为莆田盐场的第一部生产操作规程。

　　一代代传承人虚心求教、苦心钻研，掌握了原盐生产整个流程和操作工艺，创造了不可磨灭的历史业绩。

　　纳潮是晒盐的第一步。为确保及时纳取高质量的潮

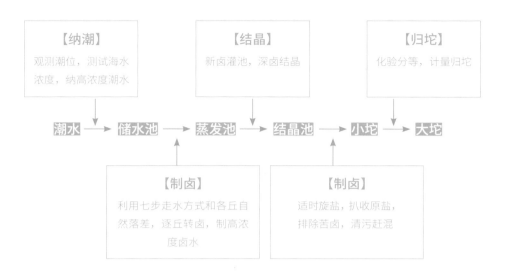

【纳潮】
观测潮位，测试海水
浓度，纳高浓度潮水

【结晶】
新卤灌池，深卤结晶

【归坨】
化验分等，计量归坨

潮水 → 储水池 → 蒸发池 → 结晶池 → 小坨 → 大坨

【制卤】
利用七步走水方式和各丘自
然落差，逐丘转卤，制高浓
度卤水

【制卤】
适时旋盐，扒收原盐，
排除苦卤，清污赶混

┌ 晒盐技艺工序图
（柯国辉／供图）

水，盐业工人必须根据潮汐规律，密切观察潮水变化，在涨潮时通过引水渠自然引潮，或使用动力泵将海水注入蒸发池。

之后将饱和卤水引入结晶池继续蒸发浓缩，便有海盐析出。在这个过程中，盐业工人们总结出新、深、长、旋、分、换、赶、撤的"八字操作法"。这样产出的盐结晶体能最大限度地保留海水中的微量元素，且更加均匀、细腻。

收集原盐时，盐业工人全程使用竹木盐耙、板车等费时费力的传统工具扒盐、运盐、集坨，确保原盐不受现代工具尾气、油污的污染。

千年古法晒制海盐工艺是一代又一代盐民从实践中总结出来的，是劳动人民智慧的结晶。在创新中改进工

广盐业工人在旋盐。结晶池内开始结晶析出盐后，盐业工人要牵绳动卤，并用盐耙旋动盐粒，使海盐更加细腻、绵柔（陈英／摄）

20 世纪 60 年代起，莆田盐场开始改用黑色塑料薄膜苫盖结晶池底部，并沿用至今（柯国辉／摄）

序，是莆田晒盐技术一直领先全国、领先同行业的秘诀。

莆田是历史上著名的"盐仓"，不仅养育了世世代代的莆田人，也养育了众多的八闽府县乡民，为老百姓的生活调出了好味道。

如今，站在新时代的风口，莆田盐场与福建省盐业集团有限责任公司深度合作，打造符合现代健康理念的优质精品盐产品，生产的贡晶盐、福晶盐、海晶盐远销香港、北京、上海、江西、浙江、广东、湖南等地，并出口海外，在业界享有较高的商业声誉。

同时，莆田盐场坚持走绿色发展之路，利用纳潮沟和盐田周边地块、村庄接壤沿线建设风力发电场，装机容量

闽人智慧 FUJIAN WISDOM

盐场与风力发电场交相辉映（蔡昊 / 摄）

┌ 盐业工人用推车量
方装盐（陈福珍 / 摄）

达 4.8 万千瓦，累计发电量 10.3 亿千瓦时，有效利用了盐田资源，打造绿色食品盐生产基地和绿色能源基地。

　　为更好地传承和弘扬海盐文化，莆田还将盐场打造成盐文化研学基地，来访者可亲身体验从海水到结晶盐的变化过程，近距离感受盐业工人代代坚守、不断创新的智慧和精神，领略千年传承的盐文化魅力，让古老的晒盐技艺焕发新的生机活力。

作　　者："闽人智慧"编辑部

永春制香：
千年国潮　香传万里

拾玖

　　中华传统香文化，发展已有几千年历史，且和福建渊源深厚。

　　宋时，中华香文化发展到极致。当时的"东方第一大港"——泉州，就是全国香料贸易的最大集散地。

　　而福建永春，更是一座香气缭绕的城市，被誉为"中国香都"。

香气氤氲（康庆平／摄）

□ 千年国"潮"

"人之喜香，如花之向阳。"

中华香文化的起源可追溯至先秦时期。春秋战国时期，中国人就对香料植物有了直接的利用，如焚烧艾蒿、佩戴兰草等，"香气养性"的观念已初步形成。

两宋时期，传统香文化发展到顶峰。2022年被热捧的电视剧《梦华录》中焚香点茶、挂画插花的优雅宋式美学，让网友们叹为观止、直呼内行，深感宋朝果然"潮"。

宋时香料需求极为旺盛，大量从国外进口的香料，都是从泉州港源源不断登岸的。

当时的泉州，以"刺桐港"之名享誉海内外。在"涨海声中万国商"的盛景中，定居泉州的阿拉伯人后裔蒲寿庚家族带来异国制香技艺，并依托雄厚的海上实力，垄断泉州香料海外贸易近30年。

现在，如果你去到泉州开元寺的泉州湾古船陈列馆，会看到一艘曾沉睡海底700多年的后渚港宋代海船。这艘古船发掘于1974年8月，是当年中国

品香（康庆平 / 摄）↑
香席雅集（康庆平 / 摄）↓

十大考古重大发现之一。

古沉船上载有 4,700 多斤的香料药物，有降真香、檀香、沉香、乳香、龙涎香、胡椒等。专家认为，这艘古船很可能就是蒲氏家族的香料船，与蒲家香业有密切的联系。

清顺治三年（1646），蒲寿庚的后代蒲世茂为躲避战火，迁居永春达埔镇汉口村，蒲氏家传制香技艺也随之传入。

从此，这座名不见经传的山区小县，在中华香文化史上留下浓墨重彩的一笔。

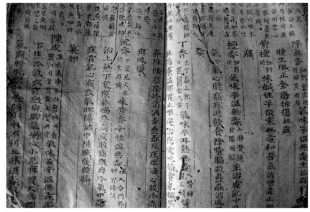

▢ 后渚港宋代古沉船
（刘宝生／摄）（上）
▢ 香方古籍（康庆平／摄）（下）

▢ **永春，真香**

永春县古称"桃源"。魏晋南北朝时期，中原战乱不断，大量士族南奔。一部分南迁的中原人沿着晋江往上游进入永春，定居在桃溪流域。

中原文明包括香文化随之传入永春，掀开了永春香文化历史的第一页。

到了清代，蒲氏进入永春后，业务从原先的香料经

营拓展到篾香制作。依托当地丰富的竹资源，蒲氏以细小的竹篾为骨，将异域香料研成粉末后涂于篾骨，是为永春篾香。蒲氏将制香手艺传授给了广大乡亲，永春的制香史由此开启。

永春篾香讲究"手艺"。将一捆篾香扎成一束，往地上轻掷，落地后用双手轻扭香束使之自然摊开，篾香便像一朵花一样绽放开来，让人赏心悦目——这一传统的晒香方法叫"掷香花"。

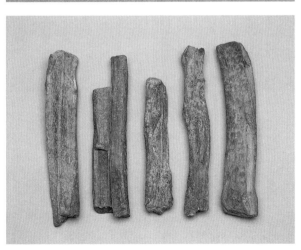

┌ 后渚港宋代古沉船上出水的香料及香料木（成冬冬／摄）

沾水打底、展香、抡香、切香、染香、晒香、踩香……一尺长的篾香背后，是十多道工序的精细功夫（张文庆 / 摄）

永春达埔镇（康庆平／摄）

中华人民共和国成立后，永春县达埔镇汉口村蒲氏制香技术逐渐向外姓传授。1981 年，汉口制香厂成立，转向以出口为主的工厂化生产。汉口成为全国闻名的制香专业村。

2007 年，达埔镇整合全镇香业资源，建设中国篾香城，于 2010 年初投入生产。

2014 年 4 月，中国轻工业联合会和中国日用杂品工业协会正式授予永春县达埔镇"中国香都·永春达埔"称号。永春成为中国首个国家级制香基地。

目前，永春全县共有制香企业近 300 家，香产品种类达 1,000 多种，国内市场销售覆盖率达 80％以上；在东南亚地区，每 3 根篾香就有 1 根由永春生产。

2020 年，永春香全产业链突破百亿元。2021 年 6

┌ 香场如画（陈美兰／摄）（上）
┌ 晒香（张文庆／摄）（下）

月，以"永春香"为代表的福建香制作技艺，被列入第五批国家级非物质文化遗产代表性项目名录扩展项目名录。

□ 香气永流传

　　永春香文化和香技艺，源自传统，兴于创新；底蕴深厚，内涵丰富，见证着海上丝绸之路的繁盛历史，更经历了新时代多元传承的创新性发展。

　　永春女孩蒲奇楠曾亮相中央电视台特别节目《相聚中国节》。她凭借着独特的蒙面闻香技能，惊艳了国人。

　　蒲奇楠正是蒲庆兰香室的第十九代传人。蒲庆兰从创号至今，已有 150 多年。蒲庆兰香室的主人便是"永春香"省级非物质文化遗产代表性传承人蒲良宫。

　　年近古稀的蒲良宫至今还在用古法制香。除了注重传统香品制作技艺的保护与传承，他还不断吸收中医药的经典理论，努力创新，潜心钻研养生用香、生活用香，开发各种纯天然功效香，复原一些古代名香。

　　曾建全，同样是"永春香"省级非物质文化遗产代表性传承人。他在学习永春香传统技艺后，发明"手力强弱法""手势刚柔克制法"等制作篾香，突破性地解决

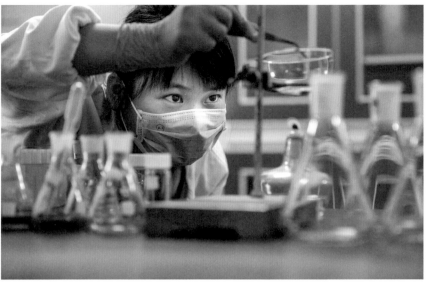
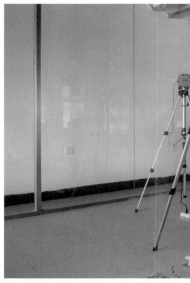
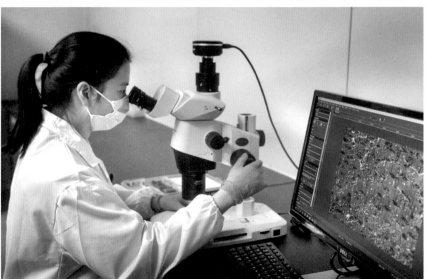

香料检测（林雅丽 / 摄）

了传统方法做出的篾香表面不够圆润、坡口等难点。

曾建全经历了永春香产业不断发展壮大的过程。在他看来，永春香产业新增长点就在于，深入挖掘古典香文化，结合现代文化，加强与文化产业的融合，才能为永春香注入灵魂。

制香产业推动永春经济不断发展，当地也在积极促进制香产业多元化发展，为这项非物质文化遗产传统技艺注入新的生机与活力。

"80后"洪仲森出身于制香世家。他在产品研发和销售模式上不断创新。洪仲森每年研发新天然香品种五六十种，并逐步调整产品结构。他还试水电商，在淘宝、天猫开设直营店，并推出"海丝香路"三大系列伴手礼。

随着兴泉铁路永春站的开通，借助交通和物流优势，永春还将致力把达埔镇 3,300 亩的香都产业园打造成中国最具影响力的香产业集聚区。

"一缕传千里，跨海来拜香。"

著名乡愁诗人余光中的祖籍就是永春。当他回到故乡永春，在品鉴永春香后，他评价说："香始于嗅觉而通于文化，文化之芬芳赖美名以传，制香业者实功同蜜蜂，泽被人群。"

这一缕缕清香，不仅承载着无数人的乡愁记忆，更寄托着从古至今智慧的人们对美好生活的无限期许、无限创造。

作　　者：林联勇　许文龙

后记

福建古称"闽"。《山海经》云："闽在海中，其西北有山。"这，是一个怎样的地方？

福建边界多山，境内层峦叠嶂——东北部有太姥山，中北部有鹫峰山，中部有戴云山，中南部有博平山，西南部有玳瑁山……

而它的东南侧，则全线沿海，且海岸线水深崖陡。

18 万年前，福建中部的三明境内就有原始人类出现。很长一段时间内，因地处偏远、山水阻隔，福建显得神秘而低调。

西晋"永嘉之乱"后，中原汉族向江南大规模迁徙；唐末藩镇割据，中原汉族再次大规模向南迁徙，福建境内人口得以成倍数增加。

这片山与海之间的静谧土地，因为远离战乱而安宁祥和，庇护着来到这里的人们，使他们能够繁衍生息，开垦耕作。

福建，由此进入中国历史的视野中心。

唐时，福建的造船技术已经十分先进，有了福州和泉州两个造船中心；宋元时期，泉州成为东方第一大港，"千帆竞发刺桐港，百舸争流丝绸路"的景象蔚为壮观；两宋时，福建路（福建省）的进士总数为 7,144 名，远超排名第二的两浙东路，"龙门一半在闽川"……

福建人杰地灵，不仅深深打动了远道而来的人们，也让生于斯长于斯的人无比骄傲与自豪。

"唐宋八大家"之一的曾巩在福州知州任上仅仅一年零一

个月，创作了 42 首诗，倾力描写福州的茶叶、荔枝和风貌，对此地恋恋不舍。

理学大家朱熹在武夷山下兴建武夷精舍，著书立说、授课讲学，武夷成为天下学子敬仰的文化圣地。秀美的武夷山水也给了朱熹极大的心灵慰藉。在陪辛弃疾游武夷时，他写下《九曲棹歌》："武夷山上有仙灵，山下寒流曲曲清……"盛赞武夷之美，传诵至今。

民族英雄林则徐任两广总督时，在总督府衙题书堂联："海纳百川有容乃大，壁立千仞无欲则刚。"他以要有大海一样的宽广胸怀、高山一样的坚定心志激励自我。林则徐的家乡福建，正是在山海之间。可以想象，家乡的山山水水铸就了林则徐伟大的人格，给了他无限的精神滋养。

福建，这片让许许多多了不起的人物无限眷恋的土地，还有着很多你不知道的内容——这里人杰地灵，在历史长河中形成了深厚的人文底蕴，孕育了诸多耐人寻味的人文故事和独特创造。

地处莆田的木兰陂始建于 1083 年，是中国现存最完整的古代灌溉工程之一，被誉为"福建的都江堰"，入选首批《世界灌溉工程遗产名录》；泉州境内连接晋江和南安的安平桥，是世界上最长的海港大石桥，享有"天下无桥长此桥"的美誉；同安人苏颂发明制造的水运仪象台，标志着中国古代天文仪器制造史上的高峰，被誉为"世界上最早的天文钟"；建阳人宋慈著有

《洗冤集录》，标志着传统法医学体系的建立，比欧洲最早的法医学专著早了两个多世纪……

这里有着丰富的非物质文化遗产，有着诸多能工巧匠，令人叹为观止的福建技艺、璀璨生辉的福建创造世代传承，给予这片土地满满的智慧。

世界文化遗产福建土楼，遵循"天人合一"的东方哲学理念，与青山、绿水、田园风光相得益彰，构成适宜的人居环境以及人与自然和谐统一的景观；"艺苑奇葩、中国一绝"的厦门漆线雕技艺，工艺繁复精细，耗时数月甚至数载；将乐西山纸传承蔡伦造纸工艺，乾隆年间曾被作为《四库全书》用纸，极负盛名；南平建盏造型古朴典雅，质地深沉含蓄，具有浓郁的东方艺术色彩，一度为宋朝皇室御用茶具；还有"中国白"德化陶瓷、色彩斑斓的福州寿山石，无不吸引着世界的关注……

进入新时期，这里还以科技赋能，实现高质量发展，在现代制造和科技创新方面取得了卓越的成就，创造了一个又一个奇迹。

谢华安院士的杂交水稻"汕优63"，满足了数亿人口的粮食需求，成为中国连续16年种植面积最大的杂交水稻品种；平潭海峡公铁大桥，是中国第一座公铁两用跨海大桥，也是世界上首座在复杂风浪涌环境下建设的海峡大桥；福清"华龙一号"，是中国核电走向世界的"国家名片"和核电创新发展的重大标志性成果；宁德时代，是世界一流的锂离子电池研发制造公司；还有"晋江经验"的金字招牌、互联网"龙岩帮"的典型现象……敢闯敢拼的八闽儿女，延续着生生不息的福建智慧。

千百年来，福建人民在历史长河中寻觅和践行发展之"道"，形成了崇高的精神理想与价值追求，积累了处理人与社会、人与自然关系的高超生存方法与谋略。

这些"知"与"行"，形成了闪光的思想、革命的贡献、先进的发明、精湛的技艺、非凡的创造。这些，我们将其统称为"闽人智慧"。

党的二十大报告提出，"推进文化自信自强，铸就社会主义文化新辉煌"，要"坚守中华文化立场，提炼展示中华文明的精神标识和文化精髓，加快构建中国话语和中国叙事体系，讲好中国故事、传播好中国声音，展现可信、可爱、可敬的中国形象"。

因此，在当下进行"闽人智慧"主题宣传，必要且重要。

通过挖掘"闽人智慧"的深厚内涵，梳理"闽人智慧"的脉络，讲好"闽人智慧"的故事，能够让人们了解一个立体和丰富的福建，展示全面、全新的福建形象，增强福建人民的文化自信，进而增强人们对于中华文明的自信心与自豪感。带着自信与自豪，我们才能更好地践行当下、走向未来。

"闽人智慧"主题宣传主要分为三个系列：你未必知道的

福建、非遗里的闽人智慧、闽人新智，力争用贴近时代生活的方式讲述"闽人智慧"故事。其视角新、切口小，做到了读者群体的全覆盖，青少年也能看得懂、喜欢看，同时利用新媒体平台，进行福建省内、国内甚至全世界范围的传播。

"你未必知道的福建"系列侧重展示历史长河中人杰地灵的福建。运用新颖的观察角度、时尚的科普元素、鲜活的叙事方式，展示福建鲜为人知的人文故事和独特创造，展现古今福建人民的智慧。

"非遗里的闽人智慧"系列正式结集出版时名为《你未能触摸的福建》，侧重展示福建非物质文化遗产里蕴藏的匠心智慧。通过介绍福建的能工巧匠、非遗传承、技艺营造，用非遗传承人与众不同的能力、精湛的技艺和卓越的创造力，展现令人叹为观止的福建技艺、敢拼会赢的福建精神、璀璨生辉的福建创造。

"闽人新智"系列正式结集出版时名为《你未曾料想的福建》，侧重展示新时期科技文化赋能、高质量发展的福建。撷取中华人民共和国成立后，特别是改革开放以来福建新的建设成就与发展，体现历史纵深度、文化厚重感和鲜活的时代气息，反映新理念、新气象。

通过近一年的传播和推广，"闽人智慧"深入人心，在社会上引起热烈的反响，引发广泛持续的关注。人们从这四个字中，读出了更全面、更丰富、更深刻的福建，感受了敢拼会赢、锐意创新的福建脉动，体会了走向全球的福建人为什么能够对国家、对世界作出独特的贡献。"闽人智慧"已经成为互联网热点词汇，福建也因为"闽人智慧"吸引了来自全国乃至海外更大范围的目光。

习近平总书记在 2023 年的新年贺词中谈到，中国将"努力为人类和平与发展事业贡献中国智慧、中国方案"。"闽人智慧"正是中华民族伟大智慧的重要组成部分。

巍巍的武夷山连绵起伏，滚滚的闽江水奔腾不息，壮阔的大东海广纳百川，广袤的八闽大地上，"闽人智慧"源源不断。一套书的承载总是有限，但"闽人智慧"是无穷无尽的。我们希望通过"闽人智慧"的讲述，进一步激发人们对于中华文明的自信心与自豪感，从而让我们对过去有更深刻的了解，对现在有更准确的把握，对未来有更美好的憧憬。

"闽人智慧"丛书编委会

2023 年 6 月

图书在版编目（CIP）数据

你未能触摸的福建 /"闽人智慧"丛书编委会编. --福州：
福建人民出版社：海峡文艺出版社, 2023.6
（闽人智慧）
ISBN 978-7-211-09106-5

Ⅰ.①你⋯　Ⅱ.①闽⋯　Ⅲ.①非物质文化遗产—介绍—福建
Ⅳ.①G127.57

中国国家版本馆CIP数据核字（2023）第092523号

你未能触摸的福建

NI WEINENG CHUMO DE FUJIAN

作　　者："闽人智慧"丛书编委会
责任编辑：周跃进
助理编辑：李雯婷
美术编辑：陈培亮
责任校对：陈　璟
出版发行：福建人民出版社　　　　　　电　　话：0591-87604366(发行部)
网　　址：http://www.fjpph.com　　　电子邮箱：fjpph7211@126.com
地　　址：福州市东水路76号　　　　　邮　　编：350001
经　　销：福建新华发行（集团）有限责任公司
印　　刷：雅昌文化（集团）有限公司
地　　址：深圳市南山区深云路19号
开　　本：787毫米×1092毫米　1/16
印　　张：17
字　　数：157千字
版　　次：2023年6月第1版
印　　次：2023年6月第1次印刷
书　　号：ISBN 978-7-211-09106-5
定　　价：128.00元